VERÖFFENTLICHUNGEN DES
HWWA - INSTITUT FÜR WIRTSCHAFTSFORSCHUNG - HAMBURG
UND DER HOCHSCHULE FÜR WIRTSCHAFT UND POLITIK

Hamburger Hefte für Wirtschafts- und Gesellschaftspolitik
Nr. 4/5
Herausgegeben von Heinz-Dietrich Ortlieb

Die Sozialdemokratie

Geschichtsabriß und Standortbestimmung

von

Carl Landauer

1972

VERLAG WELTARCHIV GMBH · 2 HAMBURG 36

Redaktion: Dieter Lösch

Verlag Weltarchiv GmbH, 2 Hamburg 36
1972
ISBN 3-87895-096-9

INHALT

VORWORT DES HERAUSGEBERS

Die deutsche Sozialdemokratie hat eine Stunde der Selbstbesinnung kaum jemals nötiger gehabt als heute. Zwar war es ihr im ersten Jahrzehnt nach dem zweiten Weltkrieg endlich gelungen, sich von den letzten ideologischen Reminiszenzen marxistischer Orthodoxie zu befreien. Doch geschah dies mehr unter dem Druck einer extrem individualistischen Zeitströmung, welche die organisatorischen Konsequenzen der modernen Wirtschaftsgesellschaft nicht wahrhaben will, und unter dem Sog der verblüffenden Restauration einer erfolgreichen privaten Unternehmerwirtschaft als aufgrund einer umfassenden realistischen Zeitanalyse.

So brachte das Godesberger Programm 1958 wohl eine weitgehend ideologie-freie Plattform, von der aus man jenseits von Marxismus und Wirtschaftsliberalismus die Fragen der Wirtschafts- und Gesellschaftsordnung neu hätte durchdenken können. Die konstruktive Ausfüllung dieses Rahmenprogramms blieb jedoch aus. Zu sehr waren alle Kräfte der Partei von dem Bemühen absorbiert, sich im politischen Tageskampf vor einer Wählerschaft, die von einer marktwirtschaftlichen Wohlstandsgesellschaft und der Gefälligkeitspolitik der Regierungen verwöhnt war, auch auf der Bundesebene regierungsfähig zu machen.

Dabei ließ man sich einreden, daß Offenheit gegenüber ideologischen Elementen der "Sozialen Marktwirtschaft" Pragmatismus sei. So wurde, als die SPD die Regierungsverantwortung in der Bundesrepublik mit übernahm, der Stil unserer Gefälligkeitsdemokratie nicht geändert und jene Mischung von Irrealismus und Opportunismus weiter gefördert, durch die unsere politische Führung unfähig ist, auf die Kritik der "Neuen Linken" konstruktiv zu reagieren. Weder leistet man heute ausreichend Widerstand gegen den Irrealismus des Mode gewordenen "linken" Pseudoprogressivismus, noch zeigt man sich in der Lage, durch den Rahmen des Möglichen begrenzte Reformen einzuleiten. Statt dessen beginnt die theoretische Grundsatzdiskussion in zunehmendem Maße in das Vokabularium früherer Zeiten zurückzufallen, obwohl jeder geschichtsbewußte Mensch weiß, daß es sich dabei um inzwischen leer gewordene Hülsen handelt, die nichts mehr für die Bewältigung unserer Zukunft hergeben.

So bin ich Carl Landauer herzlich dankbar, daß wir in ihm einen alten Sozialisten und erfahrenen Sozialwissenschaftler gefunden haben, der mit dieser Schrift einen möglichen Ausgangspunkt für eine sozialistische Neubesinnung bietet. Seine persönlichen Erfahrungen und Erlebnisse in der Weimarer Republik, sein umfangreiches wissenschaftliches Werk über den europäischen

Sozialismus und schließlich die Tatsache, daß er zu den ersten Sozialisten gehörte, die das Konzept von einer sozialistischen Marktwirtschaft entwickelten, machen ihn besonders geeignet, uns deutschen Sozialdemokraten Gedankenhilfe zu bieten, um aus dem geistigen Durcheinander herauszufinden, in das wir teils durch die Erfolge einer "kapitalistischen" Restauration, teils durch die diffuse anarcho-marxistische Reaktion einer über Klischeevorstellungen kaum hinausdenkenden und sich jugendlich gebärdenden Intellektuellenschicht geraten sind.

Hamburg, den 15. Dezember 1971

Heinz-Dietrich Ortlieb

VORWORT DES VERFASSERS

Der Text dieser Schrift ist durch zwei Umgestaltungen gegangen. Im Jahr 1964 veranstaltete die Hoover Institution on War, Peace and Revolution an der Stanford University eine Tagung über das Thema: The Revolutionary Internationals, 1864 - 1943. Auf dieser Tagung hatte ich ein Korreferat zu einem Vortrag von Professor Gerhart Niemeyer von der University of Notre Dame über die Zweite Internationale zu halten, um zu dessen kritischer Einstellung zur Sozialdemokratie ein Gegengewicht zu schaffen. Der Leiter der Tagung, Dr. Milorad M. Drachkovitch, regte vor Drucklegung der Referate an, daß ich mein Korreferat in eine selbständige Darstellung der Entwicklung und der Probleme der sozialdemokratischen Bewegung umarbeiten solle; als solche wurde mein Beitrag dann unter dem Titel "Social Democracy" in einem von der Stanford University Press herausgegebenen Band veröffentlicht. Im Jahr 1971 schlug mir Professor Heinz-Dietrich Ortlieb vor, einen deutschen Text zur Veröffentlichung in den HAMBURGER HEFTEN für Wirtschafts- und Gesellschaftspolitik herzustellen, aber ihn dabei so zu erweitern, daß er die unterdessen neu aufgetauchten Entwicklungen und Probleme berücksichtige. Das Ergebnis ist die vorliegende Schrift.

In den sieben Jahren, die seit meinem Referat in Stanford verflossen sind, habe ich zwar zu neuen Erscheinungen — vor allem zur Neuen Linken — eine Stellung finden müssen, im übrigen aber nur in einem wichtigen Punkt meine Einstellung zu den hier behandelten Fragen geändert: Zwar sehe ich heute wie damals in dem noch unausgefüllten Raum, den ehemals das "Endziel" in der sozialdemokratischen Vorstellungswelt einnahm, ein Problem für die Bewegung, aber von der Ausfüllung dieses Raums scheint mir nicht mehr ganz soviel abzuhängen, wie ich noch vor einigen Jahren glaubte.

Schon während der zwei Jahrzehnte 1912 - 1933, in denen ich neben Studium und akademischer Laufbahn in der deutschen Sozialdemokratie aktiv tätig war, habe ich das gleiche Dilemma empfunden, dem niemand entgeht, der politische und wirtschaftliche Fragen wissenschaftlich analysiert und gleichzeitig durch Anteilnahme am Leben einer politischen Partei zu bestimmten Lösungen beitragen will. Die Wissenschaft verlangt eine Abstraktion vom eigenen Willen; es gibt für sie weder revolutionäre noch konterrevolutionäre Wahrheiten oder Irrtümer. Die Politik verlangt Bewußtsein dessen, was man will, und den Appell an den Willen anderer. Die Wissenschaft verlangt Erkenntnis der Einschränkungen, denen die Gültigkeit jeder formulierten These unterliegt, die Politik verlangt Vereinfachung, Vertretung von Forderungen ohne allzuviel "Wenn" und "Aber". Niemand kann in einer Volksversammlung so sprechen wie auf dem Katheder; niemand kann einen politischen Leitartikel so schreiben wie einen Aufsatz in einer wissenschaftlichen Zeitschrift. Die

Gewissensprüfung, ob man als Politiker die Fragen nicht über bloße Vereinfachung hinaus durch Auslassung wesentlicher Punkte entstellt und ob man als Wissenschaftler nicht in der Ausfiltrierung des eigenen Willens so weit geht, sich in bloßen intellektuellen Spielereien zu verlieren, anstatt sich auf Probleme von Lebensbedeutung zu konzentrieren, ist eine dauernde innere Belastung. Wer sie freilich ertragen lernt, wird sie schließlich als fruchtbare Spannung empfinden. Die Erfahrung des politischen Handelns kann zu Einsichten in sein Wesen führen, die sich nicht aus Dokumenten und Büchern gewinnen lassen und sich auch dem bloßen Zuschauer politischer Aktionen nicht erschließen. Überdies war für mich und einige meiner Freunde das Problem etwas erleichtert durch das Bewußtsein, daß unser wichtigster Beitrag zur Erfüllung unseres politischen Wollens die Arbeit an der Klärung der Sachfragen sei, die sich unserem politischen Wollen stellten — die Analyse der Probleme sozialer Umgestaltung und einer künftigen Gesellschaftsordnung.

Diese Seite meiner Arbeit trat natürlich noch mehr in den Vordergrund, als nach meiner Übersiedelung in die Vereinigten Staaten mir die Möglichkeit politischer Betätigung zunächst abgeschnitten war; erst nach Jahren konnte ich sie in ganz anderer Form und unter anderen Voraussetzungen wieder aufnehmen. Ein großer Teil meiner neuen Lehraufgabe bestand darin, das Werden, die Kämpfe und das Schicksal sozialer Reformbewegungen in Europa, vor allem der Sozialdemokratie, amerikanischen Studenten zu erklären, deren geschichtliche Erfahrung von der europäischen verschieden war — wenn auch nicht ganz so verschieden, wie oberflächliche Beobachter oft angenommen haben. Das Referat, das ich in Stanford zu halten hatte, war Teil dieser Aufgabe. Der Zwang, die Entwicklungen und Probleme meiner eigenen Erfahrung von außen zu sehen und in Kategorien einzuordnen, die auch in einem anderen Land Bedeutung hatten und den Menschen verständlich waren, hat mir zu vielen Einsichten verholfen, wie es ja überhaupt eine der Folgen einer im Ursprung unfreiwilligen Auswanderung ist, daß man — unter Überwindung innerer Widerstände — sich von den Besonderheiten der eigenen Erfahrung loslöst und das allgemein Gültige darin besser erkennt. Aber wenn durch meine Auswanderung, die im Lauf der Jahre zu einer wirklichen Einwanderung und zu einer Identifizierung mit amerikanischem Leben führte, sich die geistige Distanz zu meiner früheren Tätigkeit unvermeidlicherweise vergrößert hat, so hat sich doch mein Urteil über die geschichtliche Bedeutung der Arbeiterbewegung und der Sozialdemokratie nicht geändert. Ich betrachte sie, so entschieden wie je zuvor, als eines der Elemente im Leben unserer Zeit, die am meisten die Hoffnung auf eine befriedigende Zukunft der Menschheit rechtfertigen.

Die Einteilung der gegenwärtigen Schrift in einen vorwiegend historischen und einen vorwiegend der gegenwärtigen Standortbestimmung gewidmeten Teil war nicht im Sinne einer ganz glatten Trennung möglich; besonders verlangt die Darstellung der Gegenwartsprobleme das Zurückgreifen auf manche Erscheinungen der Vergangenheit. Der vorwiegend historisch interessierte Leser wird also auch den zweiten Teil der Schrift immerhin durchblättern müssen.

Die Leiterin der zentral- und westeuropäischen Abteilung der Bibliothek der Hoover Institution, Mrs. Agnes F. Peterson, ist mir bei der Beschaffung ergänzenden Materials für den neuen Text dieser Schrift sehr hilfreich gewesen. Herr Dipl.-Volksw. Dieter G. Lösch hat den Entwurf der deutschen Übersetzung hergestellt und mir durch die verständnisvolle Art, wie er diese Aufgabe löste, die Arbeit wesentlich erleichtert; ferner hat er mich durch Beschaffung deutschen Materials aus der jüngsten Zeit erst in den Stand gesetzt, der neuesten Entwicklung in der deutschen Sozialdemokratie gerecht zu werden. Auch sonst verdanke ich ihm, Herrn Dr. Klaus Bolz und Herrn Dr. Hans Jürgen Teuteberg wertvolle Anregungen. Allen diesen Helfern spreche ich meinen herzlichsten Dank aus.

Berkeley, Calif., im August 1971

Carl Landauer

I. GESCHICHTLICHER RÜCKBLICK

1. URSPRÜNGE UND WURZELN

Im Jahr 1891, unmittelbar nach Aufhebung des Bismarckschen Sozialistengesetzes, änderte die "Sozialistische Arbeiterpartei Deutschlands" ihren Namen
in "Sozialdemokratische Partei". Zu dieser Änderung haben wahrscheinlich
taktische Überlegungen beigetragen, aber sie zeigte doch einen Abschnitt in
einer inneren Entwicklung an, die sich nicht auf Deutschland beschränkte. Die
große Zäsur in der Geschichte des Sozialismus im 19. Jahrhundert war die Zeit
der schweren Verfolgung, die auf das Scheitern des Pariser Kommune-Auf-
stands im Jahr 1871 folgte. Vor dieser Bewährungsprobe war der Sozialismus
in den meisten Ländern, in denen er als eine aktive Bewegung bestand, aufge-
splittert in eine Anzahl von Gruppen, deren organisatorischer Zusammenhang
locker war oder gänzlich fehlte und die auf der Suche nach einer gemeinsamen Gesellschaftsauffassung durch sich widerstreitende Glaubensartikel über
die Einrichtungen der idealen Gesellschaft und den Weg zu ihr behindert waren.
Auch die sozialistische Bewegung, die aus der Periode schwerer Bedrängnis
hervorging, hatte keineswegs eine volle Einheit der Doktrin erreicht; in einigen
Ländern, vor allem in Frankreich, fehlte ihr sogar noch die organisatorische
Einheit. Aber ein großer Teil der ideologischen Meinungsverschiedenheiten
war abgebaut; was davon blieb, wurde zumeist mit allgemein akzeptierten Formeln überdeckt. Unter der Decke blieben die Risse, und später traten sie
wieder an die Oberfläche; aber für mehr als zwei Jahrzehnte war das Ausmaß
an Geschlossenheit ausreichend für eine gut koordinierte, alles in allem wir-
kungsvolle Aktion. Obwohl man vielfach den Wortschatz revolutionärer Bekenntnisse beibehielt, hatte man sich im wesentlichen darauf geeinigt — das
deutete die deutsche Namensänderung an —, im Rahmen des Gegenwartsstaa-
tes mit den Mitteln der Demokratie nach Verbesserung der Lage der Arbeiter
zu streben; man sah darin keinen Widerspruch mehr zu dem sozialistischen
Endziel. Wo infolge der Beschränkungen des Wahlrechts oder der Presse- und
Versammlungsfreiheit die Mittel der Demokratie nicht voll zur Verfügung
standen, kämpfte man mit allen Mitteln der Massenagitation um die Beseitigung dieser Schranken.

Die Zusammenarbeit innerhalb der sozialistischen Bewegung wurde durch die
Wiedererrichtung eines internationalen Forums erleichtert. Gegen Ende der
achtziger Jahre wurde die "Zweite Internationale" geschaffen, und da diese
sich auf mehr oder weniger gut organisierte Parteien in den einzelnen Ländern
stützen konnte, zeigte sie ein festeres Gefüge als ihre Vorgängerin der sechziger und frühen siebziger Jahre, die "Internationale Arbeiter-Assoziation" oder
"Erste Internationale". Die einzelnen Komponenten der sozialdemokratischen

Gesellschaftsauffassung waren nicht neu.[1] Die Bewegung war offenbar die Erbin des demokratischen Liberalismus und des utopischen Sozialismus. Von jenem übernahm die Sozialdemokratie die Forderung nach allgemeinem Wahlrecht, nach der Kontrolle der Regierung durch die Regierten und nach dem Schutz der bürgerlichen Freiheiten; von den Utopisten übernahm sie das Konzept der Vergesellschaftung der Produktionsmittel. Die sozialdemokratischen Ideen über Vergesellschaftung standen den Gedanken der Saint-Simonisten[2] näher als denen Owens[3] und Fouriers[4], denn die sozialdemokratischen Programme und Grundsatzerklärungen — soweit sie sich dazu überhaupt äußerten, was mit dem Begriff Vergesellschaftung der Produktionsmittel gemeint sei — deuteten eher auf zentralisierte Wirtschaftsverwaltung als auf Überführung der Unternehmungen in das Eigentum von Produktionsgenossenschaften oder kollektivistischen Gemeinschaftssiedlungen hin.

Ein Erbe von Karl Marx und von Ferdinand Lassalle war die Selbstidentifizierung der Sozialdemokratie mit der Arbeiterklasse; diese galt ihr als die Macht, welche die sozialistische und demokratische Gesellschaft der Zukunft schaffen würde. Demokratie und Sozialismus erschienen den Sozialdemokraten als zwei Aspekte eines und desselben Gesellschaftsbildes: Demokratie schien nicht vollkommen realisierbar ohne eine weitgehende Verwirklichung wirtschaftlicher Gleichheit, und diese schien nur möglich, wenn die Produktionsmittel in das Eigentum der Gesellschaft überführt (oder zum mindesten — aber diese Alternative deutete sich erst leise an — von ihr kontrolliert) wür-

---

1) Auch der Name der Sozialdemokratie war nicht neu. Im Frühjahr 1849 versöhnte sich in Frankreich die bis dahin in Anlehnung an das klassische Jakobinertum als "Berg" bezeichnete Partei mit den Sozialisten; die Partei, die aus dieser Annäherung hervorging — nach ihrer sozialen Zusammensetzung noch mehr Mittelstands- als Arbeiterpartei —, wurde "Parti Democrate-Socialiste" genannt. Siehe dazu: Georges R e n a r d: La République de 1948, Paris 1906, S. 136 ff.; Pierre-Joseph P r o u d h o n: Les Confessions d'un révolutionnaire, in: Œuvres Complètes IX, Paris 1868, S. 269 ff.; Karl M a r x: Der achtzehnte Brumaire des Louis Napoleon Bonaparte, in: Karl M a r x und Friedrich E n g e l s: Werke, Bd. 8, Berlin 1960, S. 111 - 207.
In Deutschland nannten sich die Eisenacher, eine der beiden Gruppen, aus denen die vereinigte sozialistische Arbeiterpartei 1875 entstanden war, "Sozialdemokratische Arbeiterpartei". Die Zeitung der anderen Gruppe, der Lassalleaner, hieß "Der Sozialdemokrat", und dieser Name wurde übernommen für die — in Deutschland illegale — Zeitung der Sozialistischen Arbeiterpartei während der Zeit der Verfolgung.

2) Im Mittelpunkt der Ideen der Saint-Simonisten steht die Vergesellschaftung der Produktionsmittel und ihre Verwaltung durch den Staat.

3) Owen, Robert (1771 - 1858), britischer Sozialist und Gründer mehrerer kollektivistischer Gemeinschaftssiedlungen. Er gab entscheidende Anregungen für die Entwicklung eines Genossenschaftswesens. Die "Pioniere von Rochdale", Schöpfer des ersten Konsumvereins, gehörten zu seinen Anhängern.

4) Fourier, Charles (1772 - 1837); er und seine Anhänger gründeten viele kollektivistische Gemeinschaftssiedlungen in Europa und Amerika. Er war auch ein einflußreicher Theoretiker des "assoziativen", im Gegensatz zu einem zentralistischen Sozialismus.

den. Da man die Gleichheit als fundamentalen Wert betrachtete, konnte man sie nicht auf den politischen, aber auch nicht auf den wirtschaftlichen Bereich beschränken; politische Vorrechte einzelner Gruppen oder Individuen erschienen ebenso unannehmbar wie krasse ökonomische Ungleichheit. Die Idee der Kommunisten im zwanzigsten Jahrhundert, dem Bürgertum oder den Nicht-Sozialisten das Wahlrecht zu nehmen und andere Rechte zu beschränken, war der Sozialdemokratie vollkommen fremd; sie bestand immer darauf, daß sie nicht neue Privilegien schaffen, sondern alte beseitigen wolle. Aber da die Sozialdemokratie am Konzept des Klassenkampfes festhielt, mußte sie gelegentlich solchen Arbeitern mit Intoleranz begegnen, welche die Solidarität der Arbeiterklasse verletzten — etwa Streikbrechern oder Mitgliedern "Gelber Gewerkschaften".[5] Aber die Sozialdemokraten suchten jeden Bruch der Toleranz als Zugeständnis an die Unvollkommenheit der bestehenden Klassengesellschaft zu erklären. Sie waren weit entfernt von dem Gedanken, daß der unmoralische Charakter der Gegenwartsgesellschaft jede politische Unmoral rechtfertige, wenn diese nur der Sache des Sozialismus diene. Im Gegenteil, die Sozialdemokraten hatten eine Neigung zum ethischen Purismus auch in der Tagespolitik. Da sie sich selbst als Vorkämpfer der Humanität betrachteten, kämpften sie für die Abschaffung der Todesstrafe, für Bildungsreformen, für die Emanzipation der Frau, gegen Rassendiskriminierungen und gegen den Krieg. Auf diese Weise spielte die Sozialdemokratie eine bedeutende Rolle als ethische Kraft in einer Zeit, in der wissenschaftlicher Skeptizismus die religiöse Basis der Moral ausgehöhlt hatte.

Freilich war das Bekenntnis zur Humanität schwer zu vereinbaren mit dem Bekenntnis zur Revolution, auch wenn dieses mehr eine Sache der Worte als der Gesinnung war. Der Widerspruch wurde auch empfunden, aber er war schwer aufzulösen. Sogar ein Führer wie Jean Jaurès, der zuweilen herrliche Worte für das sozialdemokratische Humanitätsideal fand, vermied die revolutionären Schlagworte nicht immer; auch er stand eben unter dem Einfluß der jakobinischen Revolutionstradition wie unter jenem der Pariser Kommune, die beide unter französischen Sozialisten besonders wirksam waren. Aber zunehmend sind Bekenntnisse zur Revolution mit aufweichenden Interpretationen verbunden worden, z. B., daß diese nicht unbedingt im "Heugabelsinne der Gewalt" zu verstehen sei; das Wort ist freilich von den Massen meist genau in diesem Sinn verstanden worden.

Da die Sozialdemokratie sich mit der Arbeiterbewegung identifizierte, war sie unvermeidlicherweise eine Klassenpartei, obwohl sie Intellektuelle und

---

5) Die "wirtschaftsfriedlichen Arbeiterverbände", von ihren Gegnern als "gelb" bezeichnet, lehnten Klassenkampf und — zumindest in der Praxis — auch den Streik ab. Sie standen durchweg unter dem beherrschenden Einfluß der Arbeitgeber; oft war der einzelne Verband auf Arbeiter eines bestimmten Unternehmens beschränkt (Werkvereine). Zu den Gelben Gewerkschaften siehe Hans Alexander A p o l a n t: Die wirtschaftsfriedliche Arbeitnehmerbewegung Deutschlands, Berlin 1928; Heinrich I m b u s c h: Die Gelben in der deutschen Arbeiterbewegung, 2. Aufl., Köln 1912; Emil G a s t e i g e r: Die Gelben Gewerkschaften, München 1909.

Leute des unteren Mittelstandes immer in ihren Reihen willkommen hieß. Die Identifikation mit der Arbeiterbewegung trug in die Partei den Glauben an die Organisation als Selbstzweck hinein. Die Gewerkschaften haben sich immer an den Gedanken gehalten, daß "ein Unrecht gegen einen ein Unrecht gegen alle" darstellt; die geschlossene Organisation ist für sie ein notwendiges Mittel, diesen Grundsatz zu verwirklichen. Die gewerkschaftliche Tradition aller Länder betrachtet eine Spaltung, also einen gewerkschaftlichen "Dualismus", was immer seine Ursache sein mag, geradezu als eine Todsünde; nur wo man die Einheit der gewerkschaftlichen Organisation mit keinem Mittel herstellen kann, haben sich Gewerkschaftsführer mit einer Differenzierung abgefunden, die dann manchmal zu einem erträglichen Verhältnis und sogar zu einem Zusammenwirken verschiedener Gewerkschaftsrichtungen führte, wie das zeitweise zwischen "freien" (sozialdemokratischen) und christlichen Gewerkschaften in Deutschland der Fall war; aber auch hier war das Gegenteil häufiger. Da die Sozialdemokratie die Gewerkschaften als einen anderen Arm der gleichen Bewegung ansah und die ideologische und politische Solidarität mit ihnen hochhielt, übertrug sich die hohe Einschätzung der organisatorischen Geschlossenheit von den Gewerkschaften auf die Partei.[6] Daraus ergab sich eine Unduldsamkeit gegenüber jeder Kritik an der Ideengrundlage der Partei, die man mit einigem Recht als Zement der organisatorischen Einheit ansah.

---

6) Die Empfindlichkeit der Gewerkschaften gegen Spaltungstendenzen, der Einfluß des Gewerkschaftsgeistes auf die Partei und die Wertschätzung der geschlossenen Organisation auch bei dem politischen Arm der Arbeiterbewegung sind zwar überall vorhanden, aber doch dem Grad nach in den einzelnen Ländern verschieden. In den Vereinigten Staaten, wo die Abneigung gegen "dual unionism" bei den Gewerkschaftsführern besonders ausgeprägt war, trug sie wesentlich zur Entfremdung zwischen gewerkschaftlicher und sozialistischer Bewegung bei, da man von ideologischer Festlegung eine Gefahr für die einheitliche Organisation fürchtete. Diese Sorge wuchs noch, als Daniel de Leon, der Führer der Socialist Labor Party, in den 1890er Jahren versuchte, sich eine eigene Gewerkschaftsorganisation zu schaffen. In Frankreich dagegen entwickelten die führenden Kreise der Gewerkschaften vor dem Ersten Weltkrieg ihre eigene, revolutionär-syndikalistische Ideologie; damit isolierten sie sich von der politischen Bewegung, und dieser Umstand trug sicher dazu bei, daß in dieser eine erhebliche Zersplitterung verhältnismäßig leicht ertragen wurde. In Großbritannien fand der Gewerkschaftsbund (Trades Union Congress) eine Form, die von ihm geschaffene Arbeiterpartei so elastisch zu organisieren, daß in ihr verschiedene Richtungen des politischen Sozialismus Platz fanden, ohne daß, von einigen besonders schweren Krisen abgesehen, die Einheit der Aktion wesentlich gestört wurde. In Belgien spielte die Frage eine geringe Rolle, da nach der ursprünglich schwierigen Herstellung der Parteieinheit die ideologischen Differenzierungen nicht sehr erheblich waren; überdies war die Gewerkschaftsbewegung lange Zeit von der Partei und den von ihr beherrschten Genossenschaften abhängig. In der deutschen Sozialdemokratie, in der unter der Monarchie und in der Weimarer Republik das Verhältnis zwischen Partei und Gewerkschaften gleichzeitig eng und spannungsreich war, hat der Einheitsgeist der Gewerkschaften stark auf die Partei abgefärbt, und Spaltungstendenzen erschienen beinahe als Verbrechen. Trotzdem hat die zeitweise sehr ausgeprägte ideologische Differenzierung hier zu besonders tiefer Zerklüftung geführt. Vgl. Carl E. S c h o r s k e: German Social Democracy (1905 - 1917), Cambridge (Mass.) 1955; Peter G a y: Das Dilemma des sozialdemokratischen Sozialismus, Eduard Bernsteins Auseinandersetzung mit Karl Marx, Nürnberg 1954; Walter T o r m i n: Zwischen Rätediktatur und sozialer Revolution, Düsseldorf 1954; Gerhard A. R i t t e r: Die Arbeiterbewegung im Wilhelminischen Reich, Die Sozialdemokratische Partei und die Freien Gewerkschaften 1890 - 1914, Berlin 1959.

Hat aber eine Partei das moralische Recht, von ihren Mitgliedern zu verlangen, daß sie Ideen annehmen oder hinnehmen, nur weil diese die Einheit der Partei stärken? Wenn manche Mitglieder diesen Ideen nicht mit gutem Gewissen zustimmen können, so stellt man sie damit vor die Frage, ob sie ihre Ideen verleugnen oder die Mitgliedschaft in der Partei aufgeben wollen, und daraus ergibt sich ein Gesinnungsdruck, wenn – wie das bei den meisten sozialdemokratischen Parteien der Fall war – die Partei nicht nur einen Verband zu politischem Handeln, sondern darüber hinaus eine Art Lebensgemeinschaft darstellt. Schließlich kann solche Intoleranz auch zur geistigen Erstarrung führen.

Diese Gefahren sind nicht vollkommen vermieden worden; aber der Geist der Eigenwilligkeit war im ganzen stark genug und die Intoleranz gegen ideologische Abweichungen nicht so stark, daß die Lebendigkeit der Bewegung erstickt worden wäre. Immerhin kollidierte das Gefühl für die Bedeutung der Einheit oft mit dem Wunsch des rechten oder des linken Flügels, den eigenen Überzeugungen zu folgen. Auch ergab sich daraus ein beständiger Anlaß zu Reibungen zwischen der aus Arbeitern bestehenden Mehrheit der Mitglieder, die in der gewerkschaftlichen Tradition erzogen war, und der Minderheit von Intellektuellen, die sich der Wahrheit, wie sie sie sahen, mehr verpflichtet fühlten als der Organisation als Selbstzweck. Dies war eine wichtige, aber nicht die einzige Wurzel des Intellektuellenproblems in den sozialdemokratischen Parteien. Die Motive, welche die Arbeiter zum Sozialismus führten, kamen aus der für sie selbstverständlichen Identifikation mit der eigenen Klasse. Bei den Intellektuellen spielte meist die ethische Überzeugung, manchmal gemischt mit politischem Ehrgeiz, die entscheidende Rolle. Gelegentlich führte die Rivalität zwischen Intellektuellen und alten Gewerkschaftlern um führende Posten in der Partei zu Spannungen, am stärksten in den lateinischen Ländern, am wenigsten in Belgien und Skandinavien; in der Mitte standen Deutschland und Großbritannien. Das Intellektuellenproblem ist von manchen Beobachtern der Sozialdemokratie überschätzt worden, z. B. von Selig Perlman.[7] Es hat

---

7) Selig P e r l m a n : A Theory of the Labour Movement, New York 1928; deutsche Übersetzung: Eine Theorie der Gewerkschaftsbewegung, Berlin 1949. Perlman wirft den Intellektuellen vor, daß sie in der Arbeiterschaft eine Masse sähen, die sie als Sturmtrupp zur Erkämpfung einer neuen sozialen Ordnung verwenden wollten, während der Arbeiter in Wirklichkeit vor allem am Schutz seiner materiellen Interessen und seiner Persönlichkeit am Arbeitsplatz interessiert sei; diesem Interesse würde am besten eine politisch nicht festgelegte Gewerkschaftsbewegung dienen. Daß es zwischen einer sozialistischen Partei und einer Gewerkschaftsbewegung Meinungsverschiedenheiten und Reibungen geben kann und daß sozialistische Intellektuelle zuweilen für die besonderen Aufgaben der Gewerkschaften zuwenig Verständnis zeigen, findet in der Geschichte der Arbeiterbewegung mehrfache Bestätigung. Aber Perlman unterschätzt gewaltig die Rolle, die das sozialistische Endziel historisch im Bewußtsein der Arbeiter gespielt hat – der Wille zu diesem Endziel brauchte ihnen keineswegs von Intellektuellen aufgedrängt zu werden, und deshalb ist der Gegensatz zwischen sozialistischen Intellektuellen und Handarbeitern viel weniger grundsätzlicher Art, als Perlman glaubt. Er beruft sich auf die Ideen des deutschen Gewerkschaftlers Karl Zwing. Dieser hat sich zwar durch die Herausgabe seiner ausgezeichneten Zeitschrift "Gewerkschaftsarchiv" großes Ansehen erworben, aber nur wenige deutsche Gewerkschaftsführer haben seine Ansichten voll geteilt.

nirgends die Aktionsfähigkeit der Sozialdemokratie ernstlich beeinträchtigt, aber es hat manchmal die Bitterkeit innerer Kämpfe, die aus anderen Ursachen entstanden waren, in unerwünschter Weise gesteigert, z. B. den Konflikt der Parteimehrheit mit den Revisionisten auf dem Dresdener Parteitag der deutschen Sozialdemokratie im Jahre 1903.

Die Sozialdemokratie der Jahre zwischen 1890 und 1914 stellte ein Gebilde dar, wie es vorher nicht bestanden hatte: eine politische Massenpartei mit einer gemeinsamen Gesellschaftsauffassung, so organisiert, daß die Ideen und Wünsche der Massen durch die Kanäle eines wohlausgebauten Apparates den Führern im Parlament zugeleitet werden konnten und daß durch die gleichen Kanäle umgekehrt die Erfahrungen der Führer den Massen nahegebracht wurden. Die Struktur der Organisation und ihr Umfang waren in den einzelnen Ländern verschieden,[8] aber das Wesen war überall das gleiche. Dieses Wesen hat auch, durch die Spaltung und andere Umstände modifiziert, den Ersten Weltkrieg überdauert und wirkt auch nach dem Zweiten noch fort.

2. DER EINFLUSS DES MARXISMUS

Vor dem Ersten Weltkrieg betrachteten sich die Sozialdemokraten — Großbritannien ausgenommen — in ihrer großen Mehrheit als Marxisten. Die Verschmelzung der verschiedenen Richtungen zu einer einigermaßen geschlossenen Bewegung wäre nicht möglich gewesen ohne diesen großen Einfluß der Marxschen Lehren. Marx hat nicht nur viele der ideologischen Elemente der sozialdemokratischen Weltanschauung geschaffen oder vermittelt, er hat auch eindringlicher als irgend ein anderer Autor (mit Ausnahme von Lassalle) darauf bestanden, daß es die historische Aufgabe der Arbeiterklasse sei, die sozialistische Gesellschaftsordnung aufzubauen, und daß alle Sozialisten verpflichtet seien, die Interessen der Arbeiterklasse zu schützen und zu fördern, um sie für die Erfüllung dieser Aufgabe zu stärken. Die wichtigsten Widersprüche in der sozialdemokratischen Ideologie gehen ebenso auf Marx zurück: vor allem der Konflikt zwischen Ziel und Mitteln, enthalten in dem gleichzeitigen Glauben an Demokratie und Humanität und an die Notwendigkeit eines revolutionären Klassenkampfes, der in der Logik der Marxschen Dialektik als Krieg rücksichtslos zu führen war und nicht durch demokratische Spielregeln oder Gebote der Humanität beschränkt werden durfte. Freilich, dies war die Logik des Marxschen Systems, nicht die klar ausgedrückte Überzeugung von Karl Marx. Die Konsequenzen des dialektisch interpretierten Klassenkampfes hat er durch das Schlagwort von der "Diktatur des Proletariats", das er nirgends definierte, mehr angedeutet als erklärt; und er hat manche Äußerun-

---

8) Für eine Teilübersicht der Mitgliederzahlen und der parlamentarischen Stärke der einzelnen Parteien beim Kriegsausbruch 1914 siehe Julius B r a u n t h a l: Geschichte der Internationale, Hannover 1961, Bd. 1, S. 358; für das Jahr 1928 l. c. Bd. 2, 1963, S. 341. Bezüglich der Wahlerfolge der SPD vor 1914 siehe Gerhard A. R i t t e r: Die Arbeiterbewegung im Wilhelminischen Reich, a. a. O., S. 67 ff.

gen getan, die diese Konsequenzen auszuschließen scheinen. So erklärte er in einer berühmten Rede in Amsterdam 1872, daß in Ländern ohne bürokratische Tradition, wie England oder den Vereinigten Staaten, der Übergang zum Sozialismus friedlich im Rahmen einer demokratischen Verfassung erfolgen könne. Nur in dieser widerspruchsvollen Form konnte der Marxismus seinen überragenden Einfluß auf die sozialdemokratische Bewegung gewinnen: Die äußersten Konsequenzen der revolutionären Dialektik hätte sie nicht ertragen.

Ein anderer Widerspruch, den die Sozialdemokratie von Marx erbte, war der zwischen Determinismus und Aktivismus. Die utopistischen Sozialisten hatten nach jener Gesellschaftsform geforscht, die alle Forderungen der Ethik am besten erfülle; Marx hat diese Zielsetzung abgelehnt. Er mußte das schon deshalb tun, weil er behauptete, nicht an ewige ethische Grundsätze, an eine Moral über den Klassen zu glauben; er scheint freilich an diesem Unglauben nicht immer festgehalten zu haben, und er war sich auch wohl kaum der letzten Konsequenzen dieser Art von Amoralität bewußt. Jedenfalls aber erklärte Marx — der reife Marx, denn in seinen Anfängen mag er anders gedacht haben —, nicht nach der idealen, sondern nach der historisch notwendigen Gesellschaftsform suchen zu wollen, deren Organisationsprinzipien aus geschichtlichen Tendenzen abzuleiten seien. Er hielt dies für eine lösbare Aufgabe — und glaubte sogar, sie gelöst zu haben —, weil er in der Technologie das bestimmende Element der gesellschaftlichen Entwicklung sah und die Tendenzen des technischen Fortschritts in großen Zügen für voraussehbar hielt. So kam er zu dem Ergebnis, daß die menschliche Gesellschaft mit Notwendigkeit der Verwirklichung des Sozialismus entgegengehe. Aber wenn der Sozialismus unvermeidlich ist, warum muß man dann seine Verwirklichung planen und ihr Opfer bringen? Trotz vieler Bemühungen hat weder Marx selbst noch irgend ein Marxist auf diese Frage jemals eine völlig befriedigende Antwort geben können.

Wäre das politische Verhalten der Menschen durch reine Logik bestimmt, so hätte der Determinismus die Arbeiter und ihre Führer veranlassen müssen, der Geschichte ihren Lauf zu lassen und sich die Gefahren und Leiden der Kämpfe zu ersparen. Aber weder Marx selbst noch die Marxisten, noch die sozialdemokratischen Arbeiter zogen diese Folgerung. Zu stark war in ihnen der Wille, die Zukunft selbst zu gestalten und um sie zu kämpfen. Der Glaube an das vorbestimmte sozialistische Schicksal blieb im Hintergrund als das Versprechen, daß die Kämpfe nicht vergeblich sein würden. Außer dem Selbstvertrauen, das daraus entsprang, bot der Determinismus in seiner abgeschwächten Form den Sozialdemokraten einen taktischen Vorteil. Sie konnten dem Verlangen nach einer ins einzelne gehenden Darstellung der künftigen Gesellschaftsordnung ausweichen mit dem Argument, daß die Geschichte selbst diese Probleme lösen würde; damit war die Möglichkeit der Abschirmung gegeben gegen demagogische Angriffe — freilich auch gegen einige berechtigte Fragen.

Das Nebeneinander einer Geschichtsphilosophie, die ein in seinen Grundzügen gezeigtes Endziel als mit Sicherheit erreichbar beschrieb, und eines Programms von Reformen innerhalb der Gegenwartsgesellschaft war für die Sozialdemokratie eine Quelle der Kraft; der Wille zu einem anderen und grundsätzlich besseren Dasein wurde dadurch ebenso befriedigt wie der Wunsch nach den beschränkten Lebenserleichterungen, die schon heute und morgen möglich schienen. Aber in diesem Gebäude von Ideen und Forderungen war doch ein Bruch: Zwischen dem Endziel und den Gegenwartsreformen gab es keine Brücke. Nirgends war gezeigt, wie die tagespolitische Aktion – mit revolutionären oder evolutionären Mitteln – dahin wirken könne, die bestehenden Verhältnisse im Sinne des Endziels umzugestalten und damit dieses schließlich zu verwirklichen. Daraus ergab sich mit Notwendigkeit ein Verblassen des Endziels. Der Glaube an die Gesellschaft der Zukunft blieb eine Quelle der Hoffnung, spielte aber in den Gedanken der sozialdemokratischen Arbeiter und ihrer Führer eine immer geringere Rolle. Wohl begehrten sie auf, als Eduard Bernstein, der geistige Führer der deutschen Revisionisten, erklärte, daß ihn das Endziel weniger interessiere als die Verbesserungen, die man auf dem Weg zum Ziel erreiche; doch diese Ablehnung war nur eine Abwehrgeste von Menschen, die den Bruch in einem liebgewordenen Ideengebäude nicht sehen wollten; was Bernstein ausdrückte, beherrschte das tägliche Verhalten der Partei, in Deutschland wie anderswo.

In einem historischen Augenblick gewann dieser Bruch große praktische Bedeutung. Am Ende des Ersten Weltkriegs erschien die Schaffung einer sozialistischen Gesellschaft vielen Menschen als eine Forderung der Stunde. Wahrscheinlich, fast sicher, war der Schein trügerisch, aber er beherrschte die Geister, weit über die Arbeiterschaft hinaus. Die Sozialdemokratie aber fand sich ohne Leitgedanken für einen Versuch, der Forderung zu genügen. Ebensowenig konnten die Marxisten der Linken, die sich von der Sozialdemokratie abgespalten hatten, sich von ihren Glaubensartikeln in ihrem praktischen Handeln leiten lassen. In Rußland und später in anderen Ländern, in denen sie die Macht erlangt hatten, mußten sie in eine lange Periode des Experimentierens mit Menschenleben und Menschenschicksalen eintreten, die bis heute nicht zu Ende ist; was bisher mit diesen Experimenten erreicht worden ist, auch wo sie zu wirklichen Verbesserungen geführt haben, ist mit einer solchen Hypothek der Unfreiheit belastet, daß es schwer fällt, hier von Sozialismus zu sprechen, wenn man daran denkt, was die früheren sozialisten Denker und auch Karl Marx darunter verstanden haben.

Wenn eine am Schreibtisch ausgearbeitete Theorie von einer politischen Bewegung assimiliert wird, so erfährt sie notwendig eine Umgestaltung. Das geschah auch mit dem Marxismus, als er seinen großen Einfluß auf die Sozialdemokratie gewann. Die Marxsche Analyse der Wirtschaft z. B. wurde eingehend studiert und in den von den sozialdemokratischen Parteien veranstalteten Schulungskursen gelehrt, aber mit einem gegenüber den Schriften von Marx einigermaßen unterschiedlichen Akzent. Marx hat die These, daß die menschliche Arbeit die Quelle allen wirtschaftlichen Wertes sei, zum Ausgangspunkt einer Kausalanalyse gemacht, deren Gültigkeit er für unabhängig von allen ethischen Werturteilen hielt. In der sozialdemokratischen Ideologie aber trat die Ethik, die in der Arbeitswerttheorie nur impliziert war, als Postulat hervor: Aus der Behauptung, daß Arbeit die Ursache des Wertes sei, wurde die Forderung abgeleitet, daß der Arbeiter den vollen Wert des Produktes erhalten müsse – das "Recht auf den vollen Arbeitsertrag" ohne Rücksicht auf die Rolle, die Kapital und Boden bei der Herstellung spielen. Friedrich Engels freilich, sicherlich in Übereinstimmung mit Marx, hat die Formel vom Recht auf den vollen Arbeitsertrag scharf abgelehnt, da sie die Ausdehnung des Produktionsapparates – "die wichtigste progressive Funktion der Gesellschaft" – mittels akkumulierter Gewinne unmöglich machen würde.[9]

Viele der Ideen, welche die Sozialdemokratie von Marx übernommen hat, waren das Erbe früherer Denker und Geschichtsepochen. Marx war geistig stark geprägt von der Tradition der Französischen Revolution; und der Marxismus war einer der Kanäle, durch die jakobinischer Geist die Sozialdemokratie erreichte. Marx war auch ein Schüler der englischen und französischen humanistischen Philosophen des 17. und 18. Jahrhunderts und ein Vermittler ihrer Ideen. Wie alle diese Philosophen, auch die anti-kirchlich orientierten unter ihnen, stand auch er unter dem Einfluß der jüdisch-christlichen Tradition mit ihrer Überzeugung vom Wert der menschlichen Person, und der Marxismus führte diese Tradition fort trotz aller Bekenntnisse zum Materialismus durch Marx und seine Schüler.

Der marxistische Einfluß auf die Sozialdemokratie war am deutlichsten sichtbar und am wenigsten durch Gegenströmungen gehemmt in Deutschland und Österreich. Auch die meisten Revisionisten blieben hier mehr oder weniger im Marxschen Ideenkreis. Aber der Marxismus war ein allgegenwärtiges Element in der ganzen sozialdemokratischen Bewegung. Sogar in Großbritannien, wo die Labour Party schließlich zur Verkörperung sozialdemokratischen Geistes wurde, war der marxistische Einfluß nicht beschränkt auf den verhältnismäßig engen Kreis der Social Democratic Federation, die sich in der formativen Periode der Labour Party als Bollwerk der marxistischen Orthodoxie betrachtete. Wie in einer früheren Periode die Chartisten[10] durch ihre Kontakte mit Marx und besonders mit Engels beeinflußt waren, so prägte die Zusammenarbeit mit Marx in der Ersten Internationale viele der Ansich-

---

9) Siehe Friedrich E n g e l s: Herrn Eugen Dührings Umwälzung der Wissenschaft ("Anti-Dühring"), Marx-Engels-Gesamtausgabe, Sonderausgabe, Moskau 1935, S. 322.

10) Die chartistische Bewegung – so genannt nach der 1838 verfaßten "People Charter" – war die bedeutendste unter den frühen Arbeiterbewegungen mit sozialistischer Färbung in England. Ihre Hauptforderung war das allgemeine und gleiche Wahlrecht (für Männer), dessen Bedeutung für die Sozialemanzipation der Arbeiter sie erkannte.

ten führender britischer Gewerkschaftler; einige Führer der Fabian Society[11], die am meisten dazu tat, die Gewerkschaften zur Gründung einer eigenen Arbeiterpartei zu überreden, hatten die Schriften von Marx studiert, bevor sie ihr Programm formulierten – was sie nicht hinderte, seinen Ideen gegenüber kritisch zu bleiben. In Frankreich und Italien wurde marxistisches Gedankengut durch eine Anzahl von Mittelspersonen in die sozialistischen Parteien hineingetragen, deren Reihe sich von persönlichen Freunden von Marx und Engels, wie Paul Lafargue und Antonio Labriola, bis hin zu Persönlichkeiten erstreckte, die, obwohl von orthodoxen Marxisten oft verketzert, doch vom Geist des Meisters tief beeinflußt waren, wie Benoît Malon, Filippo Turati und Jean Jaurès.

Die Überreste elitären Denkens, die sich bei Marx noch finden, wurden aus dem sozialdemokratischen Ideenkreis und aus der Praxis der sozialdemokratischen Parteien fast vollständig ausgeschieden. Marx hat zwar niemals die blanquistische[12] Idee übernommen, daß eine Minderheit von Berufsrevolutionären das bestehende System zerstören, die Macht ergreifen und erst nach einer Übergangsperiode das neue Regime durch Abstimmung unter den – wie angenommen – nunmehr aufgeklärten Wählern legitimieren lassen solle; aber niemand, der das Kommunistische Manifest und die zwei Schriften über die Französische Revolution von1848[13] und den Aufstieg Louis Napoleons zur

---

11) Die Fabian-Society wurde 1883 von einer Gruppe britischer Intellektueller gegründet. Der Name "Fabian" ist eine Anspielung auf den römischen Feldherrn Fabius Cunctator, den "Zauderer", der Hannibal besiegte durch seine Taktik, den richtigen Augenblick für einen entscheidenden Schlag abzuwarten. Die Fabier legten ein klares Bekenntnis zum Sozialismus ab, den sie mit reformistischen Mitteln verwirklichen wollten. Abgesehen von ihrer Rolle bei der Gründung der britischen Arbeiterpartei, der sie dann auch als Organisation beitraten, erwarben sie sich ein historisches Verdienst durch die Herausgabe von Schriften, in denen die Möglichkeiten und Probleme von Reformen in Verwaltung und Gesetzgebung untersucht wurden und durch die sie zur Verbesserung der Lebenslage der britischen Arbeiterschaft wesentlich beitrugen.

12) Louis-Auguste Blanqui (1805 - 1881) war ein geistiger Erbe der Jakobiner, nur hatte er – als Folge der Entwicklung, die seit der Großen Französischen Revolution stattgefunden hatte – mehr an Sozialismus in seine Ideen aufgenommen, als diese seine geistigen Ahnen entwickelt hatten. Er glaubte an die Notwendigkeit und Wirksamkeit gewaltsamer Aktionen, vorbereitet und durchgeführt von einer revolutionär gesinnten Minderheit, die dann schließlich die Zustimmung der Massen gewinnen würde. Von Marx war Blanqui geschieden durch die Idealisierung der Rolle der revolutionären Minderheit, von der sich bei Marx nur Ansätze finden, und ferner – was eng damit zusammenhängt – durch seinen Glauben an die Wirksamkeit kleiner konspirativer Gruppen. Auch war ihm der Marxsche Determinismus fremd, und das Interesse an politischer Aktion überschattete bei ihm die Ideen wirtschaftlich-sozialer Umbildung. Was ihn und seine Anhänger zeitweise mit Marx und den Marxisten verband, war neben dem Glauben an Revolution der Nachdruck, den Blanqui und die Blanquisten auf die politische Seite der Bewegung (wenn auch nicht auf parlamentarische Aktion) legten, im Gegensatz zu den Anhängern von Pierre-Joseph Proudhon und vielen Anarchisten, die sich entscheidende Änderungen allein von wirtschaftlichen Aktionen der verschiedensten Art versprachen.

13) Karl M a r x: Die Klassenkämpfe in Frankreich 1848 - 1850, in: Karl M a r x und Friedrich E n g e l s: Werke, Bd. 7, Berlin 1960, S. 9 ff.

Macht[14] gelesen hat, kann daran zweifeln, daß Marx von diesen Ideen Blanquis beeinflußt war. Besonders das Kommunistische Manifest läßt zum mindesten Raum für die Rolle einer revolutionären Elite, die zwar "keine von den Interessen des ganzen Proletariats getrennten Interessen" verfolgt, aber doch den Anspruch erhebt, "in der gegenwärtigen Bewegung zugleich die Zukunft der Bewegung" zu vertreten — wie eben die Elite sie sieht —, und damit in die Lage kommen kann, gegen den gegenwärtigen Mehrheitswillen der Arbeiter zu handeln.[15]

Auch in dieser abgeschwächten Form war der Elite-Gedanke für eine Massenpartei wie die Sozialdemokratie weder nötig noch annehmbar. Eine Massenpartei ist zu sichtbar, um als Untergrundbewegung zu existieren, selbst wenn sie das wünschen sollte; auch in der Zeit des Sozialistengesetzes hat die deutsche Sozialdemokratie ihre Haupttätigkeit in der Öffentlichkeit entfaltet, vor allem hat sie Wahlkämpfe geführt; für eine solche Tätigkeit aber braucht man nicht wie für eine konspirative Gruppe einen kleinen Generalstab mit großen Vollmachten. Die Kommandogewalt einer Elite würde in einer Massenpartei auch gar nicht ertragen — wenigstens nicht, wenn die Partei die Massen zum Selbstbewußtsein erziehen will —, weil die Mitglieder den Anspruch erheben, die Führer zu kontrollieren und letzten Endes den Kurs selbst zu bestimmen.

An die Frage der innerparteilichen Demokratie haben sich Mißverständnisse geknüpft, zum Teil als Folge der Schrift von Robert Michels "Zur Soziologie des Parteiwesens".[16] Jede Partei braucht Führung; eine Partei, die eine so komplizierte Strategie verfolgen muß, wie das oft für die Sozialdemokratie nötig war, muß viele taktische Entscheidungen ihren Führern überlassen.

---

14) Karl M a r x: Der achtzehnte Brumaire des Louis Napoleon Bonaparte, ebd., Bd. 8, S. 111 ff.

15) Der Gedanke einer Diktatur der revolutionären Elite stand freilich im Widerspruch zu dem Prinzip, das Marx selbst in der Vorrede zu den Statuten der Internationalen Arbeiter-Assoziation mit den Worten ausgedrückt hatte, die Emanzipation der Arbeiterklasse müsse durch die Arbeiterklasse selbst errungen werden. In diesem Zusammenhang ist ein Vorfall aus der Entstehungsgeschichte der französischen Sozialdemokratie von Interesse. Im Jahr 1880 fand es die Partei, die sich noch in ihrer formativen Periode befand, für nötig, in einem Programm ihre Ziele darzulegen. Zu diesem Zweck begaben sich die Marxisten Jules Guesde und Paul Lafargue nach London, um mit Marx und Engels über die Formulierung zu beraten; sie kamen zurück mit einem sogenannten Minimalprogramm, das in der Hauptsache aus der Feder von Marx stammte. Obwohl zunächst angenommen, wurde dieses Programm schon 1882 auf dem Kongreß von St. Etienne durch eine Erklärung ersetzt — gedacht als gemeinsame Vorrede zu Aktionsprogrammen, welche die regionalen Gliederungen der Partei sich geben sollten —, die im wesentlichen auf der Vorrede zum Programm der Internationalen von 1864 beruhte. Ein Hauptgrund für die Ablehnung des "Minimalprogramms" war die Auffassung des Kongresses, daß es zu elitär sei. Siehe dazu David S t a f f o r d: From Anarchism to Reformism, Toronto und Buffalo 1971, S. 158 ff., besonders S. 160 und 182.

16) Leipzig 1911.

Das Wesentliche ist, daß die Führer sich verantworten müssen, daß der Mehrheitswille der Mitglieder nicht von oben her diktiert werden kann und, wenn er sich herausgebildet hat, einen ihm genehmen Kurs zu erzwingen vermag. Um ein solches System effektiv werden zu lassen, müssen in der Regel Zwischenglieder zwischen der Spitze der Organisation (oder ihrer parlamentarischen Vertretung) und ihrer Massenbasis vorhanden sein; sonst besteht die Gefahr, daß sich ein formal demokratisches System zu einer Art Caesarismus entwickelt, in dem der charismatische Führer den Massen suggeriert — nicht etwa sie davon überzeugt —, was sie wollen sollen. Die Sozialdemokratie hat immer in ihren von den Mitgliedern gewählten Funktionären mittleren Grades, den Bezirksführern in den Städten und den Vorstandsmitgliedern der Partei an kleineren Orten, Organe besessen, welche die Mittler- und Kritikerfunktion in hervorragendem Maß ausfüllen konnten. Auch große und beliebte Führer, wie August Bebel in Deutschland, Viktor Adler in Österreich, Jean Jaurès in Frankreich, mußten sich der Kritik dieser politisch geschulten, meist nüchtern denkenden Mittelgruppe stellen und konnten in der Regel mit ihrer Politik nicht durchdringen, wenn sie nicht diese wahren Treuhänder der Partei zu überzeugen vermochten, die dann die gewonnenen Einsichten an die Masse der Mitglieder weitergaben. Gewiß funktionierte der Mechanismus nicht immer; autokratische Bestrebungen traten gelegentlich auf, und die Einsicht und der kritische Verstand der mittleren Funktionäre waren nicht immer und überall gleich groß. Keine Art von Organisation ist eben vollkommen. Aber im ganzen war die Sozialdemokratie in allen Ländern, in denen sie sich einigermaßen frei entwickeln konnte — also nicht im zaristischen Rußland —, demokratischer geleitet als wohl irgend ein ähnliches Gebilde im Lauf der Geschichte.

Die Klagen über den Parteiapparat, auch wo sie sich gegen eine angebliche Oligarchie richteten, bedeuteten in Wirklichkeit Beschwerden über den Konservativismus der mittleren Funktionäre. Diese wußten, daß die Arbeiter keinem raschen Wandel der Parteitradition folgen konnten und daß es deshalb wichtig war, jede Plötzlichkeit in der Entwicklung der Parteiideologie zu vermeiden. Gerade weil die Funktionäre diese Einstellung der Masse der Mitglieder teilten, waren sie ein wirksames Element in der Parteidemokratie. Die Anhänger rascher Neuerung, auch wo sie in irgendeinem Sinn recht hatten, vergaßen allzu leicht, daß gerade in einer Demokratie das sachlich Richtige nicht immer auf kurze Frist politisch möglich ist.

Außerhalb der sozialdemokratischen Reihen hat der Elitegedanke auch in manchen Teilen der sozialistischen Bewegung fortgelebt. Er war lebendig bei den Revolutionären Syndikalisten der lateinischen Länder, obwohl die Realitäten der gewerkschaftlichen Aktion hier erhebliche Gegengewichte schufen. Noch klarer kam er zum Ausdruck in dem terroristischen Flügel der russischen Volkssozialisten (Narodniki). Von diesen (und wahrscheinlich von Blanqui) übernahm Lenin das Konzept einer Parteiorganisation, in der eine kleine, ausgewählte Führungsgruppe alle wichtigen Entscheidungen treffen sollte. Es bedurfte einer ganz besonderen, ursprünglich nicht voraussehbaren

Konstellation von Umständen, um dieser Konzeption zu ihrer weltgeschichtlichen Bedeutung zu verhelfen.

3. NICHTMARXISTISCHE EINFLÜSSE

Außer den ideologischen Komponenten, die ihren Ursprung im Marxismus hatten oder durch ihn vermittelt wurden, wirkte eine Vielzahl anderer Einflüsse auf die Sozialdemokratie. Der Lassalleanismus aber, der in diesem Zusammenhang manchmal erwähnt wird, war weit mehr ein Kanal für die Marxschen Gedanken als ein unabhängiger Einflußfaktor. Mit Ausnahme einer stärkeren Bejahung des Staates und vielleicht einer weniger starken Bindung an das Prinzip der Demokratie war Ferdinand Lassalle im wesentlichen, wie Marx und Engels, trotz ihrer Schimpfkanonaden gegen ihn, wußten, ihr Schüler und ein Verkünder der Gedanken, die sie selbst entwickelt hatten. Ein eigener Einfluß ging aus von Lassalles Schüler Johann Baptist von Schweitzer (1833-1875). In der Wirtschaftstheorie war zwar auch er im Bannkreis Marxscher Ideen, und wahrscheinlich war er sogar der beste Interpret dieser Ideen unter seinen Zeitgenossen in Deutschland. Aber er trug mehr als irgend jemand sonst zur Entwicklung der parlamentarischen Strategie der Sozialdemokratie bei, einer Aufgabe, an der weder Marx noch Engels Geschmack fanden und zu der sie ihren Anhängern wenig zu sagen hatten. Indem von Schweitzer sich gründlich mit allen Fragen der Reformgesetze befaßte und die Kunst entwickelte, durch gelegentliches Zusammenwirken mit anderen Parteien Erfolge im Parlament zu erzielen, wurde seine Politik zu einer wesentlichen Determinanten des künftigen Charakters der Sozialdemokratie.

Wichtige Einflußfaktoren nichtmarxistischen Charakters hatten ihren Ursprung in Großbritannien. Die Sozialdemokratische Bewegung, wie sie sich schließlich herausgebildet hat, wäre unvorstellbar ohne die einflußreiche Rolle, welche die Gewerkschaften in ihr spielten. Das klassische Land der modernen Gewerkschaftsbewegung ist England; obwohl in den meisten Ländern, besonders in Frankreich und Deutschland, von der englischen Entwicklung unabhängige Wurzeln vorhanden sind, begannen in diesen Ländern die Gewerkschaften ihren Aufstieg zu einer sozialen Machtstellung erst, nachdem die Gewerkschaften des "neuen Modells" in England und Schottland aus dem Debakel des Chartismus hervorgegangen und ihre Eigenart und ihr Erfolg auf dem Kontinent bekannt geworden waren. Erst damit waren auch die Voraussetzungen für ihren Einfluß innerhalb der sozialistischen Bewegung gegeben.

Noch interessanter ist die Entwicklung des Genossenschaftsgedankens. Er hat ebenfalls seinen Hauptursprung in Großbritannien, wo Robert Owen der Idee die ersten entscheidenden Impulse gab. Französische und deutsche Sozial-Konservative (P. J. Buchez, Victor Aimé Huber, Friedrich Wilhelm Raiffeisen) und Liberale (Hermann Schulze-Delitzsch) griffen diese Idee um die Mitte des 19. Jahrhunderts auf. Obwohl Lassalle sich in die Sackgasse der Produktivgenossenschaften verirrte, während die Zukunft bei den Konsumgenossenschaften lag, trug sein Einfluß doch dazu bei, die deutschen Arbeiter für den Genossenschaftsgedanken zu gewinnen und damit die Voraussetzung dafür zu schaffen, daß die Genossenschaftsbewegung zu einem wichtigen Teil auch der deutschen Arbeiterbewegung wurde. Aber im Verhältnis zur Größe des Landes und zur Kaufkraft der Arbeiter war die Genossenschaftsbewegung in Belgien am bedeutendsten, wo sich der britische Einfluß mit der Proudhonschen Tradition des Mutualismus[17] verband, d. h. mit dem Gedanken gegenseitiger wirtschaftlicher Hilfe als einem Grundprinzip solidarischer Aktion der wirtschaftlich Schwachen. Es war dieses Zusammentreffen der Konsumentenselbsthilfe mit dem Proudhonismus und dem Marxismus, das die belgische Arbeiterbewegung zum Musterbeispiel jener proletarischen "Subkultur" werden ließ, über die nachher noch zu sprechen sein wird.

Ob der Anarchismus einen Einfluß auf die sozialdemokratische Ideenwelt ausgeübt hat, ist nicht so leicht zu entscheiden, wie es zunächst wohl scheinen mag. Natürlich hatte die Sozialdemokratie nichts zu tun mit der Verwerfung der politischen Aktion durch die Anarchisten und überhaupt mit ihrer Staatsfeindschaft, noch gar mit der "Propaganda der Tat", die darin bestand, durch lokale, an sich aussichtslose Aufstände und individuelle Terrorakte die öffentliche Aufmerksamkeit auf die Bewegung zu ziehen.[18] Aber die meisten Anarchisten waren gegen das Privateigentum an Produktionsmitteln, schon weil

---

17) Pierre-Joseph Proudhon (1809 - 1865) steht in seiner Sozialphilosophie zwischen Anarchismus und einem gemäßigten Sozialismus. In seiner Frühschrift "Qu'est-ce que la propriété? " (Was ist Eigentum?) prägte er den berühmt gewordenen Satz: Eigentum ist Diebstahl; doch schränkte er diese These in späteren Schriften stark ein. Er war ein entschiedener Gegner des privaten Leihkapitals und des Zinses; unentgeltlichen Kredit, gegeben von einer "Volksbank" in Form besonderer Noten, hielt er für das wichtigste Mittel zur Besserung sozialer Zustände. Die Noten der Volksbank sollten — wie Handelswechsel, aber ohne Diskont — den Güterfluß möglich machen und damit die Produzenten der verschiedenen Produktionszweige in die Lage versetzen, sich in ihrer Arbeit durch Austausch der Produkte zu ergänzen. Diese Idee der gegenseitigen Ergänzung und Unterstützung, der Mutualité, führte Proudhon und noch mehr seine Anhänger zur Forderung der Genossenschaften. Verstaatlichung der Produktionsmittel lehnte Proudhon ab, politische Aktion hielt er für weit weniger wichtig als wirtschaftliche, und mit Ausnahme eines kurzen Zeitraumes 1848 war er gegen Revolution. Im Grunde war er gegen jeden Zwang und aus diesem Grund gegen den Staat. Seine Beziehungen zu Karl Marx entwickelten sich von freundlichem Gedankenaustausch zu scharfer Gegnerschaft. Gegen Proudhons "Philosophie de la misère" (Philosophie des Elends) schrieb Marx seine "Misère de la philosophie" (Elend der Philosophie), in der er seine Geschichtsphilosophie des ökonomischen Determinismus der mehr idealistischen Auffassung Proudhons gegenüberstellte. Bis zum Kommuneaufstand, und zum Teil noch nachher, war der Einfluß Proudhons auf die französischen Arbeiter größer als der von Marx.

18) Von neueren Schriften über den Anarchismus sind u. a. Max N o m a d: The Anarchist Tradition, in: Milorad M. D r a c h k o v i t c h (Hrsg.): The Revolutionary Internationals 1864 - 1943, Stanford 1966, S. 77 ff., und David S t a f f o r d: From Anarchism to Reformism, Toronto und Buffalo 1971, gute Informationsquellen; siehe auch Max N e t t - l a u: Der Anarchismus von Proudhon zu Kropotkin, Berlin 1927. Ein großer Teil der Anarchisten hat die Propaganda der Tat abgelehnt.

es die Staatsmacht zu seinem Schutze brauchte, und diese gemeinschaftliche Opposition gegen den Privatkapitalismus schuf ein ideologisches Band zwischen Sozialisten und Anarchisten. Freilich wehrten sich die Anarchisten gegen wirtschaftliche wie gegen politische Zentralisierung und deshalb auch gegen den Gedanken, daß das Privateigentum durch zentralverwaltetes Kollektiveigentum ersetzt werden solle, wie die Marxisten sich das vorstellten.

Obwohl die vorherrschende Tendenz innerhalb der Sozialdemokratie eine zentrale Zusammenfassung der wirtschaftlichen und staatlichen Kräfte befürwortete, gab es dagegen doch auch Bedenken. Manche Sozialdemokraten, besonders französische wie Paul Brousse und eine Zeitlang auch Benoît Malon, suchten daher einzelne anarchistische Gedankenelemente in die sozialdemokratische Gesellschaftsauffassung einzubauen; man kann vielleicht auch den britischen Gildensozialismus des frühen 20. Jahrhunderts als einen solchen Versuch auffassen. Jedenfalls war die geistige Trennung der Sozialdemokratie vom Anarchismus nicht ganz so scharf wie die organisatorische, die auf einer Reihe von Kongressen der Zweiten Internationalen (1891 - 1896) beschlossen wurde.

Der Einfluß der Großen Französischen Revolution auf die Sozialdemokratie vollzog sich nur zum Teil über den Marxismus; besonders die jakobinische Verbindung von Nationalgefühl und radikaler Demokratie ging ihren eigenen Weg. Zwar sind Marxens Ansichten über die Bedeutung der Nation keineswegs vollständig in dem Satz des Kommunistischen Manifests ausgedrückt, daß "die Arbeiter kein Vaterland haben", aber der Satz stammt nun einmal von ihm und Engels, und er zeigt immerhin, daß er weniger an nationale Werte glaubte als die geistigen Erben der Jakobiner. Die Geschichte der Französischen Revolution wurde von den Sozialdemokraten ebenso sorgfältig studiert wie von allen Vorkämpfern der Volkssouveränität im 19. Jahrhundert. Auch ohne den Einfluß von Lassalle, der den Nationalstaat höher schätzte als Marx, und ohne den Einfluß der Pariser Kommune, in welcher der jakobinische Geist (in der proletarischen Version des Blanquismus) dominierte, wäre es wohl unvermeidlich gewesen, daß der Glaube an die Nation in stärkerem Maß unter der Oberfläche sozialdemokratischen Gedankenguts lebendig war, als es die marxistische Terminologie erscheinen ließ. In der Krise von 1914 trat dies offen zutage.

4. INNERE RICHTUNGSKÄMPFE

Die Ideologie einer Bewegung kann auch ohne logische Geschlossenheit sehr wirkungsvoll sein. Das Nebeneinander einer revolutionär-dialektischen und einer evolutionär-gradualistisch-demokratischen Komponente hat die Lebensfähigkeit der sozialdemokratischen Gesellschaftsauffassung jahrzehntelang kaum beeinträchtigt und niemals zerstört, aber die Labilität des Gleichgewichts zwischen diesen Komponenten hat die organisatorische Einheit der Bewegung wiederholt in Gefahr gebracht und schließlich unmöglich gemacht.

Es gab immer eine Rechtstendenz und eine Linkstendenz, die aus den sich widersprechenden Komponenten der Parteiideologie herrührten und deren Gegensatz durch äußere Umstände verstärkt wurde.

Für die Rechtstendenz wirkte vor allem das Wachstum der Bewegung. Schon vor dem Ersten Weltkrieg gehörten zur Sozialdemokratie nicht mehr nur Menschen von tiefster sozialistischer Überzeugung; sie war über die Grenzen der alten sozialistischen Bewegung hinausgewachsen und hatte neben der Masse der Arbeiter auch einen Teil des Kleinbürgertums integriert. Viele dieser Anhänger waren weniger an dem sozialistischen Endziel als an Reformen in der Gegenwartsgesellschaft interessiert. Die Sozialdemokraten, die des linken nicht weniger als die des rechten Flügels, waren stets fasziniert von Zahlen. Den Linken erschien der sozialdemokratische Stimmenzuwachs in der Zeit vor 1914 als ein Vorbote der Revolution, für die Rechten war er ein Garant größerer parlamentarischer Stärke und wachsender Durchschlagskraft der Reformbestrebungen. Aber große Wählerzahlen konnten der Partei nur erhalten bleiben durch den Erfolg bei der Besserung bestehender Zustände durch Reformgesetze. Die darauf gerichtete Arbeit verband die Partei mit dem bestehenden Gesellschaftssystem; die Idee der sozialen Revolution, welche die Gesellschaft umstürzen sollte, trat damit in den Hintergrund. Außerdem war erfolgreiche parlamentarische Arbeit für eine Partei, die bei all ihrer Stärke in keinem der bedeutenden Länder eine absolute Mehrheit besaß, nur möglich durch Zusammenarbeit mit anderen, nichtsozialistischen Parteien, und diese Zusammenarbeit ließ sich mit einer extremen Interpretation des Klassenkampfkonzeptes nicht vereinbaren. Von der parlamentarischen Zusammenarbeit war es nur ein kleiner Schritt zu Wahlbündnissen, wie sie die belgischen, französischen und deutschen Sozialdemokraten zu verschiedenen Zeiten mit den Liberalen schlossen (Cartel des Gauches, Großblock), oft gegen den Widerspruch des linken Flügels. Diese Bündnisse führten zu der Frage, wie ein gemeinsam errungener Sieg genutzt werden könne, und damit zu dem Gedanken einer Koalitionsregierung von Sozialdemokraten und Linksbürgerlichen. In diesem Punkt aber erwies sich vor 1914 der Widerstand innerhalb der Bewegung als unüberwindlich, wie der Fall Millerand[19] zeigt; es bedurfte des Krieges, um dieses Tabu in ausreichendem Maß abzubauen.

---

19) Alexandre Millerand (1859 - 1943), ein hochbegabter Jurist und Arbeiter-Anwalt, wandte sich in den frühen 1890er Jahren dem Sozialismus zu und schloß sich der Gruppe des damals bedeutendsten französischen Sozialistenführers, Jean Jaurès (1859 - 1914), an. Wie dieser gehörte Millerand zu dem evolutionär-reformistischen Flügel der französischen Sozialdemokratie, und er war der Autor des reformistischen Programms von Saint Mandé (1896); weil damals die französischen Marxisten selbst, mit Rücksicht auf den überwiegend kleinbürgerlichen und bäuerlichen Charakter der französischen Wählerschaft, ein radikales Programm für inopportun hielten, erhielt Millerands Formulierung die Zustimmung aller sozialistischen Gruppen. Diese Einigkeit aber ging kurz darauf in die Brüche, und im Zentrum der Auseinandersetzung innerhalb der sozialistischen Bewegung stand Alexandre Millerand. Die Krise brach aus als Folge eines Sieges der Republikaner, einschließlich der Sozialisten, über die Monarchisten und Klerikalen. Ein jüdischer Generalstabsoffizier, Alfred Dreyfus, war 1894 wegen angeblicher Spionage zugunsten Deutschlands und

Die Tendenz zum Reformismus hätte sich innerhalb der Sozialdemokratie nicht so auswirken können, wie sie das tat, wenn nicht die Linksliberalen die Sozialdemokraten als Bündnispartner akzeptiert hätten zum Schutz oder zur Errichtung der politischen Demokratie und manchmal auch zur Verteidigung der weltlichen Kultur gegen den Klerikalismus. Aber eine solche Zusammenarbeit war abhängig von mehreren Voraussetzungen: Die Linksliberalen mußten das Prinzip der Staatseingriffe zum Schutz der wirtschaftlich Schwachen bejahen. Auf der anderen Seite wäre keine liberale Partei imstande oder willens gewesen, Verbündete zu akzeptieren, die ernstlich geplant hätten, nach den Direktiven des Kommunistischen Manifests zu handeln — die Bourgeoisie bis zum gemeinsamen Sieg zu unterstützen, um dann "die gesellschaftlichen und politischen Bedingungen", die durch diesen Sieg herbeigeführt würden, als "Waffen gegen die Bourgeoisie"[20] zu kehren. Daher versuchte der linke Flügel der Liberalen, der selbst in wachsendem Maß für soziale Reformideen empfänglich wurde, die Sozialdemokraten von der Notwendigkeit zu überzeugen, den klassenkämpferischen und revolutionären Geist im Interesse der Zusammenarbeit zu mäßigen. Doch waren es nicht immer nur die Liberalen, mit denen die Sozialdemokratie Bündnisse schloß, und die Konzentration auf die volle Verwirklichung der Demokratie war nicht der einzige Weg, auf dem sie sich nach rechts entwickelte. In einer frühen Phase der sozialdemokratischen Bewegung hatten manche Konservative versucht, Kontakte mit den sozialdemokratischen Arbeitern und Intellektuellen aufzunehmen, um eine gemeinsame Front gegen das liberale Bürgertum zu bilden. So

---

Italiens zu lebenslänglicher Deportation nach der Teufelsinsel verurteilt worden. Als Zweifel an seiner Schuld auftauchten, versuchten hohe Militärs, die unter dem Einfluß der Reaktionäre den Verrat eines Juden zur Propaganda gegen die Republik verwenden wollten, durch Fälschungen und andere Verbrechen die Wiederaufnahme des Prozesses zu verhindern. Noch vor der Rehabilitierung von Dreyfus, die endgültig erst 1906 erfolgte, wandte sich die öffentliche Meinung scharf gegen die Spitzen der Armee und ihre politischen Hintermänner; die Republikaner erzielten Wahlerfolge, ein neues Ministerium mußte gebildet werden, und der Ministerpräsident Pierre Waldeck-Rousseau lud den Sozialisten Millerand in das Kabinett ein. Dies aber schien den Marxisten und anderen radikalen Sozialisten ein Verrat am Klassenkampfgedanken. Statt einer Einigung, die vorher fast sicher schien, erfolgte eine Spaltung der französischen Bewegung in zwei feindliche Gruppen, die reformistische Parti Socialiste Français und die marxistisch-radikale Parti Socialiste de France; erst 1905 erfolgte die Einigung. Unterdessen hatten die Erörterungen der Frage, ob ein Sozialist sich an einem Kabinett mit "Bürgerlichen" beteiligen dürfe, auf andere Mitgliederparteien der Internationalen und auf diese selbst übergegriffen. Der Dresdener Parteitag der deutschen Sozialdemokratie (1903) verurteilte jede Regierungsbeteiligung von Sozialisten in der bürgerlichen Gesellschaft ("Ministerialismus"), und der Internationale Sozialistenkongreß im Amsterdam (1904) machte sich dieses Urteil zu eigen. Millerand selbst schied bald wieder aus dem Kabinett aus, verteidigte aber seinen Standpunkt und wurde schließlich aus seiner eigenen Parteiorganisation ausgeschlossen. Er rückte politisch weiter nach rechts und wurde nach dem Ersten Weltkrieg von einer konservativen Mehrheit zum Präsidenten der Republik gewählt; stets aber blieb er ein starker Befürworter sozialer Schutzgesetze, die er auch während seiner Tätigkeit als Minister durchzusetzen versucht hatte.

20) Karl M a r x und Friedrich E n g e l s: Kommunistisches Manifest, Singen 1948, S. 52.

kam es zu den Versuchen des "Tory-Chartismus"[21] in England, zu den sozial-reformerischen Ideen (oder Prätentionen) Louis Napoleons, zu Bismarcks Kontakten mit Lassalle und von Schweitzer, zu Annäherungen von Männern wie Carl Rodbertus oder Rudolf Meyer[22] an die deutschen Sozialdemokraten. Viele dieser Versuche waren mehr als taktische Manöver. Auf konservativer Seite stand dahinter die Vorstellung einer "organischen" Gesellschaft, die für Konservative und Sozialisten ein gemeinsames Ziel bilden könne, im Gegensatz zu der "atomisierten" Gesellschaft des individualistischen Liberalismus.[23] Diese Ideen waren meistens sehr unklar und standen im Widerspruch zu den politischen und wirtschaftlichen Realitäten. Die Versuche, die mehr bezweckten als ein Annäherung im Gedankenaustausch, kamen kaum je über die ersten Anfänge hinaus, mit einer Ausnahme: Der politische Katholizismus war die einzige vorwiegend konservative Gruppe, mit der die Sozialdemokraten hie und da ein Bündnis schließen konnten. Dafür war entscheidend, daß die katholische Kirche durch die Enzyklika "Rerum Novarum" Leos XIII. eine positive Stellung zur sozialen Gesetzgebung gewonnen hatte. Solche Bündnisse wurden von der deutschen Sozialdemokratie mit der Zentrumspartei in den bayerischen Wahlen von 1905 und in den Reichstagswahlen von 1907 geschlossen. Sie nahmen das Nachkriegsbündnis zwischen der Sozialdemokratie und dem Zentrum vorweg, dessen Ziel die Verteidigung der Weimarer Republik war und das freilich nur dadurch möglich wurde, daß das Zentrum durch Bejahung

---

21) Die Chartistische Bewegung hatte einen entscheidenden Anstoß durch die Unzufriedenheit der Arbeiter mit der Wahlrechtsreform von 1832 erhalten. Dieses neue Wahlgesetz, entstanden unter dem Einfluß der Liberalen (Whigs), gab das Stimmrecht der Masse des Mittelstands, enthielt es aber durch das Erfordernis eines höheren Einkommens den Arbeitern vor. Daraus ergab sich eine scharfe Gegnerschaft der Chartisten gegen die Liberalen (ausgenommen deren linken Flügel), und einige der chartistischen Führer unterstützten deshalb die Konservativen (Tories).

22) Carl Rodbertus (1805 - 1875) und Rudolph Meyer (1839 - 1899) waren Schriftsteller konservativer Prägung, denen es um die Erhaltung der sozialen Grundlagen der Kultur und der preußischen Monarchie zu tun war; sie hielten beide durch den Aufstieg des liberalen Bürgertums für bedroht. Sie glaubten, daß das Erhaltenswerte in Staat und Gesellschaft sich nur erhalten lasse, wenn der sittlichen, aus der christlichen Ethik folgenden Forderung nach Hebung der Arbeiterschaft aus ihrer Not Genüge geschähe. Aus diesem Grund fanden sie eine positive Stellung zur Arbeiterbewegung und zur Sozialdemokratie. Rodbertus stand in Briefwechsel mit Lassalle, Meyer hatte Kontakt mit Marx und Engels. Rodbertus entwickelte sich zu einem Staatssozialisten, der das Ideal im Gemeineigentum an Boden und Kapital sah und als Programm für die Gegenwart eine staatliche Regulierung der Arbeitszeit und des Lohnes forderte. Meyers Hauptwerk, Der Emanzipationskampf des Vierten Standes (1874 - 75), ist eine umfassende, auch heute noch kaum überholte Darstellung der Frühgeschichte des Sozialismus. Über Rodbertus und einige andere Sozialkonservative siehe auch Carl J a n t k e : Der Vierte Stand, Freiburg 1955.

23) Bevor das Wort Sozialismus mit irgendeiner der Richtungen identifiziert wurde, die wir heute als sozialistisch bezeichnen, wurde es von katholischen Schriftstellern als ein Synonym für die ständische Gesellschaft gebraucht, die sie dem atomistischen Individualismus entgegenstellen wollten. Siehe dazu Karl G r ü n b e r g: Der Ursprung der Worte "Sozialismus" und "Sozialist", in: Archiv für die Geschichte des Sozialismus und der Arbeiterbewegung, II, Leipzig 1912, S. 372 ff.

der demokratischen Verfassung seinen konservativen Charakter zum mindesten stark abgeschwächt hatte. Ähnlich lag es mit der katholisch-sozialistischen Allianz in Belgien 1925 und mit den unglücklicherweise erfolglosen Bemühungen um eine Zusammenarbeit zwischen den italienischen Sozialisten und den katholischen Popolari, welche die Machtergreifung des Faschismus verhindern sollte.

Die Linkstendenz in der Sozialdemokratie hatte eine Reihe von Ursachen. In ihrem Sinn wirkte der Klassencharakter der Partei, der sie immer dann für linksextremistische Einflüsse empfänglich machte, wenn die Klassengegensätze besonders angespannt waren, wie etwa während großer Streiks. Ferner gewann die Parteilinke Argumente aus der Fortexistenz der revolutionären Dialektik in der Phraseologie der Bewegung; die Radikalen konnten immer behaupten, daß diese starken Worte ein unverbrüchliches Bekenntnis bedeuteten. Schließlich gewannen die radikalen Argumente Überzeugungskraft infolge der undemokratischen Institutionen vieler Länder, z. B. Wahlrechtsbeschränkungen, die vor dem Ersten Weltkrieg der Sozialdemokratie den legalen Weg zur Macht zu versperren schienen und deshalb manchmal die bewaffnete Revolution oder den revolutionären Massenstreik als eine unverzichtbare Waffe erscheinen ließen.

Von den äußeren Kräften, welche die Sozialdemokratie nach links zu ziehen suchten, war der Anarchismus trotz einiger ideologischer Kontakte politisch einflußlos; in den Augen des Durchschnittssozialdemokraten war ein Anarchist immer verdächtig, ein Agent provocateur zu sein. Nicht ganz so stand es mit dem Ableger des Anarchismus, dem Revolutionären Syndikalismus[24]. Als Gewerkschaftler hatten die Syndikalisten gemeinsame Interessen mit den sozialdemokratischen Arbeitern; besonders in den lateinischen Ländern fand die antiparlamentarische Haltung der Syndikalisten einigen Widerhall in den Reihen der Sozialdemokratie. Die Entrüstung über die Millerand-Affäre entsprang nicht nur dem orthodoxen Marxismus, sondern auch dem Mißtrauen gegen das ganze parlamentarische Spiel und den "Ministerialismus" als dessen logische Konsequenz; einen guten Teil dieses Mißtrauen hatten die revolutio-

---

24) Der Revolutionäre Syndikalismus bejahte die Klassenkampfidee in ihrer schärfsten Form, verwarf aber — im Prinzip — politische Parteien und hielt die Gewerkschaften für die allein berufenen Träger des Kampfes und Streik wie Sabotage für die wirksamsten Waffen; er entwickelte geradezu einen Mythos des Generalstreiks, der die kapitalistische Gesellschaft stürzen sollte. Für die Zukunft erstrebten die Syndikalisten eine Gesellschaftsordnung, in der die Produktionsmittel im Eigentum der einzelnen Gewerkschaften stehen sollten und der Staat ersetzt werden sollte durch eine Konföderation der Gewerkschaften. Vom Ende der 1890er Jahre bis zum Ersten Weltkrieg beherrschte der Revolutionäre Syndikalismus die französische Gewerkschaftsbewegung und griff auch stark nach Italien und Spanien über. In den westlichen U. S. A. vertraten die "Industrial Workers of the World" ähnliche Tendenzen. Zum Syndikalismus siehe Ernst D r a h n: Artikel "Syndikalismus", in: Handwörterbuch der Staatswissenschaften, 4. Aufl., 1923; C o r n é l i s s e n: Der internationale Syndikalismus, in: Archiv für Sozialwissenschaften und Sozialpolitik, Bd. 32, 1911; C h a l l a y e: Revolutionärer und reformatorischer Syndikalismus, 1913.

nären Syndikalisten gesät. Eine andere Linkstendenz ging von den russischen Narodniki[25] und ihren geistigen Erben, den Sozialrevolutionären, aus. Ihr Einfluß — durch die Feindschaft und Verachtung der russischen Marxisten zwar geschwächt, aber durch ihren Ruf als Märtyrer der zaristischen Verfolgung gestärkt — wirkte in erster Linie auf die russischen Sozialdemokraten, aber über sie drang er auch in die Randbereiche der westlichen sozialdemokratischen Parteien ein.

Mit der Revolution von 1905 nahm der Einfluß der russischen Ereignisse auf die sozialdemokratischen Parteien West- und Mitteleuropas zu. Am tiefsten beeinflußt wurde die deutsche Sozialdemokratie, und dies nicht nur wegen der geographischen Nähe. Die russische Revolution erzielte einen eindrucksvollen, wenn auch wenig dauerhaften Erfolg durch einen Generalstreik, der den Widerstand der zaristischen Regierung gegen die Schaffung einer Verfassung brach, diese sah auch eine gesetzgebende Versammlung vor. Deutschland hatte sich seine Reichs- und Länderverfassungen längst errungen, und das Wahlrecht zum Reichstag kam demokratischen Prinzipien nahe. In Preußen aber war das Wahlrecht beschränkt durch extrem plutokratische Bestimmungen, die den sozialdemokratischen Einfluß fast ausschlossen. Infolge der komplizierten föderativen Struktur des Reiches übte der preußische Landtag einen indirekten, aber starken Einfluß auf die Reichspolitik aus. Konnte nicht die Strategie, die sich in Rußland als so wirksam erwiesen hatte, dazu dienen, das preußische Hindernis zu beseitigen?

Ein erheblicher Teil der deutschen Sozialdemokratischen Partei griff diese Idee mit Enthusiasmus auf. Die meisten Befürworter eines Massenstreiks zur Erringung des gleichen Wahlrechts in Preußen kamen vom linken Flügel, aber auch einige Gemäßigte wurden mitgerissen. Auf der anderen Seite hatten manche orthodoxe Marxisten Bedenken gegen einen General- oder Massenstreik, besonders weil er die Partei in Abhängigkeit von den Gewerkschaften gebracht hätte, während die Marxisten im allgemeinen auf dem Primat der politischen Organisation bestanden. Je mehr Zeit verging, desto mehr wuchsen die Bedenken. Die Gewerkschaften widersetzten sich dem Plan, und die Mehrheit in der Führung der Partei hielt den Massenstreik für eine gefährliche Waffe, weil er

---

25) Der Name der russischen Volkssozialisten (Narodniki) stammt von ihrer Losung, daß es notwendig sei, "unter das Volk zu gehen" — mit "Volk" meinten sie die Bauern. Die Narodniki wollten kein Wachstum des russischen Kapitalismus, was sie von den Marxisten unterschied, die im industriellen Kapitalismus einen Vorläufer des Sozialismus sahen; die Narodniki glaubten, daß das Gemeineigentum an Land, wie es in vielen russischen Dörfern bestand, eine Möglichkeit biete, die kapitalistische Phase zu überspringen. Alle Narodniki glaubten an die Notwendigkeit einer Revolution; über die Frage des Terrorismus, d. h. Attentate gegen Machthaber, waren sie nicht einig. Der Mißerfolg der Propaganda unter den Bauern und die zunehmende Verfolgung durch die Behörden — die im wesentlichen in den 1860er Jahren entstandene Bewegung wurde 1875 offiziell unterdrückt — stärkte den terroristischen Flügel, der sich 1879 unter dem Namen "Volkswille" eine eigene Organisation schuf; daneben existierte eine nichtterroristische Gruppe unter dem Namen "schwarze (Land-)Verteilung".

der Regierung einen Vorwand zur Unterdrückung der sozialdemokratischen Organisation liefern könnte und weil er die Koalitionsfähigkeit der Partei im Parlament zerstören würde. Schließlich wurde der Gedanke des Massenstreiks fast nur noch von Extremisten der Linken, wie Rosa Luxemburg, ernstlich vertreten.[26]

Das Endergebnis der Diskussion über den Massenstreik war dem Einfluß des linken Flügels auf die Politik der deutschen Sozialdemokratie abträglich. Vor der Debatte über diese Frage war in der deutschen Partei nur die Trennungslinie zwischen dem rechten Flügel, der als halb ketzerisch angesehen wurde, und der übrigen Partei deutlich sichtbar. Nach der Massenstreik-Diskussion existierte eine Dreiteilung: ein rechter Flügel, eine Mittelgruppe, welche die Mehrheit umfaßte, und ein nicht sehr großer linker Flügel. Der linke Flügel war also von der Mehrheit getrennt, da diese nun besorgt war, in Abenteuer verwickelt zu werden, die das Ende der sozialdemokratischen Machtstellung hätten bedeuten können. In anderen Ländern war diese Auswirkung der russischen Ereignisse nicht so deutlich zu erkennen, wohl auch durch gleichgerichtete innere Vorgänge überschattet. Das Ergebnis aber war im wesentlichen überall das gleiche: Schon am Vorabend des Ersten Weltkriegs war die internationale Sozialdemokratie geistig in drei deutlich unterscheidbare Flügel gespalten.

5. DER ERSTE WELTKRIEG UND DIE ZWISCHENKRIEGSZEIT

Trotz unendlicher Diskussionen über Krieg und Frieden in Schriften und auf Kongressen war die internationale Sozialdemokratie auf die Ereignisse von 1914 geistig nicht vorbereitet. Wohl waren so gut wie alle Sozialdemokraten gegen eine Politik der Eroberung und meist sogar gegen Gewaltanwendung zur Befriedigung berechtigter nationaler Forderungen. Damit aber war die Frage nicht beantwortet, was die Partei in jedem Lande tun solle, wenn Eroberungslust der Regierenden oder ihre Furcht voreinander doch zum Krieg führen würde.

Die meisten Sozialdemokraten hatten gehofft, daß die Drohung mit der sozialen Revolution die Regierenden vom Krieg abhalten werde. Manche von ihnen meinten wohl auch, und dafür konnte man Marx und Engels in Anspruch nehmen, zwischen gerechten Kriegen oder Kriegen im Interesse des Fortschritts, die ein Sozialdemokrat unterstützen dürfe, und anderen Kriegen unterscheiden zu können. Aber die Staatsmänner glaubten, daß das Nationalgefühl den Revolutionswillen ersticken werde, und der Erfolg gab ihnen recht. Die Unterscheidung zwischen guten und schlechten Kriegen scheiterte schon an dem Mangel an Information über Tatsachn. Dahinder stand noch ein anderer Umstand,

---

26) Die klassische Studie über den Einfluß der russischen Revolution auf die deutsche Sozialdemokratie stammt von Carl S c h o r s k e: German Social Democracy, 1905 - 1917, Cambridge (Mass.) 1955.

der eine nach außen erkennbare Bedeutung freilich erst im Zweiten Weltkrieg erlangte, denn im Ersten hielten zunächst alle Völker ihre eigene Sache für gerecht: Auch ein Volk, das in einen erkennbar ungerechten Krieg hineingeführt wird, muß sehen, daß seine politische Existenz auf dem Spiel steht, denn jede Rechnung auf Mäßigung der Gegner nach deren Sieg ist fragwürdig; daher wird sogar in diesem Fall nationale Verteidigung von vielen, die den Kriegsausbruch nicht gewollt haben, als unerläßlich angesehen werden.

Was ein unbefangener Beobachter hätte voraussehen können, geschah: Die große Mehrheit der Sozialdemokraten fast aller kriegführenden Länder fühlte sich der Sache des eigenen Volkes so verbunden, daß sie die Kriegführung unterstützte. Da nur wenige dies vorausgesehen hatten, entstand der Vorwurf, daß diese Haltung ein Prinzipienverrat sei. Zunächst wurde dieser Vorwurf nur von einer kleinen Minderheit erhoben. Mit der Zunahme der Kriegsmüdigkeit und der Kriegsschrecken wuchs die Zahl der Opponenten; nachdem der Kriegsausbruch selbst die internationale Sozialdemokratie zerrissen hatte, indem er den Zusammenhang ihrer nationalen Komponenten auflöste, ergab sich im weiteren Verlauf eine Spaltung in "Mehrheitssozialisten", die hier und dort – z. B. in Frankreich im Sommer 1918 – zur Minderheit wurden, "Unabhängige" (Pazifisten) und "Kommunisten". Diese Dreiteilung hat eine offenbare Ähnlichkeit mit der Herausbildung von drei Flügeln während der letzten Vorkriegsjahre. Die Parallelität ist sicher kein Zufall. Man darf aber daraus nicht schließen, daß die Vorkriegs-Konstellation auch ohne den Krieg zum Bruch der Internationale und der einzelnen Parteien geführt hätte. Der Zusammenhalt der sozialistischen Parteien hat vorher – z. B. im Fall Millerand – schweren Spannungen widerstanden. Erst die ungeheure Belastung durch den Krieg und vielleicht noch mehr die Tatsache, daß in verschiedenen Ländern und unter sehr verschiedenen Bedingungen Mitglieder der sozialistischen Parteien Regierungsverantwortung zu tragen hatten, zerstörte die organisatorische Einheit der internationalen Sozialdemokratie.

In den Vorkriegsjahren hätte die Entfremdung zwischen der äußersten Linken und der Mitte wahrscheinlich zu einer Annäherung von dieser an den rechten Flügel geführt; die Ansätze zu einer solchen Tendenz waren bereits erkennbar, als der Krieg die Entwicklung unterbrach. In der Nachkriegszeit wirkte sich diese Tendenz voll aus und führte schließlich zu einer Wiedervereinigung der Organisationen, auf nationaler Ebene in Deutschland durch den Zusammenschluß von "Mehrheitssozialisten" und "Unabhängigen" 1922 und auf internationaler Ebene durch die Bildung der Sozialistischen Arbeiterinternationalen aus den Resten der Zweiten und den Parteien der Wiener ("zwei-einhalbten") Internationale im Jahr 1923.

Nach der schweren Prüfung durch Krieg und Revolution war die Sozialdemokratie teils stärker, teils schwächer, als sie in der Vorkriegszeit gewesen war. Zahlenmäßig hatte sie in vielen Ländern abgenommen, zum mindesten im Verhältnis zur Bevölkerungszahl, und sie stand jetzt überall in Konkurrenz mit einer anderen Arbeiterpartei auf der Linken. Aber durch das Ausscheiden der

34

linken Marxisten hatte die Sozialdemokratie an innerer Geschlossenheit gewonnen. In vielen Ländern besaß sie nun entweder einen Anteil an der Regierung oder durch ihre Stärke im Parlament und die vergrößerten Möglichkeiten einer Bündnispolitik einen großen und manchmal entscheidenden Einfluß auch auf Regierungen, an denen sie nicht direkt beteiligt war. Damit eröffneten sich neue Möglichkeiten und stellten sich neue Aufgaben: Wie konnte die Staatsgewalt dazu benutzt werden, die Entwicklung der Gesellschaft im Sinn des sozialistischen Programms voranzutreiben? Der Volkswille war von vielen Fesseln befreit worden, die vor dem Krieg seinen Einfluß auf die Staatspolitik beschränkt hatten; wie konnte der Mehrheitswille des Volkes auf sozialdemokratische Ziele ausgerichtet werden? Und wie konnten die technischen Probleme einer sozialdemokratischen Wirtschafts- und Staatspolitik ihre Lösung finden? Diese letzte Frage erforderte zuweilen ein politisch unbequemes Experimentieren. In vieler Beziehung war die Lage der Sozialdemokratie in der Vorkriegszeit einfacher gewesen, als die engen Grenzen ihrer Macht auch ihre Verantwortung und die Erwartungen ihrer Anhänger beschränkten. Zu den Schwierigkeiten trug natürlich auch der zerrüttete Zustand bei, in dem der Krieg die Welt oder mindestens Europa gelassen hatte.

Während der ganzen Periode zwischen den Kriegen stand die Sozialdemokratie unter dem Druck, daß ihre scheinbare Handlungsfreiheit größer war als ihre wirkliche. Die Wirren der ersten Nachkriegszeit führten in Deutschland zum Bürgerkrieg mit den Kommunisten, zerstörten die Demokratie und mit ihr die legale Existenz der Sozialdemokratie in Italien und verursachten zeitweise eine Polarisation der politischen Gesinnungen in England und Frankreich — eine Polarisation, die eine Partei, die nicht mehr die radikalste war, in eine ungünstige Stellung brachte. Die Sozialdemokratie mußte die unmittelbaren Gefahren bekämpfen; für die Grundprobleme der Gesellschaft blieb nicht genug Raum und Energie übrig. Nach 1929 schränkte die große Wirtschaftsdepression und schließlich das Ende der Demokratie in Deutschland und Österreich die Möglichkeiten sogar noch mehr ein. Trotzdem hat die Periode zwischen den Kriegen einige Klärung gebracht: Wo die Sozialdemokratie legal überlebte, waren ihr Wesen, ihre geistigen Grundlagen und ihre Strategie samt deren Problemen am Ende der Periode deutlicher als vorher. Der Kern der sozialdemokratischen Weltanschauung war das Bekenntnis zur Humanität; die Überreste der Idee des revolutionären Klassenkampfes waren zu schwach geworden und zu deutlich auf leere Worte beschränkt, um diese Tatsache wesentlich zu verdunkeln. Die Sozialdemokratie sah nicht, wie der Kommunismus, in der lebenden Generation ein Werkzeug der Geschichte, das bedenkenlos verbraucht werden durfte; der Wert des Menschen stand den Sozialdemokraten immer vor Augen. Sozialismus bedeutete ihnen die Anwendung des Postulats der Menschlichkeit auf das Wirtschaftsleben. Die Wirtschaft sollte umgebaut werden, aber nicht in einer Art oder mit Mitteln, die eine Suspension der elementaren Rechte des Menschen als Bürger erfordert hätten. Dies war der grundsätzliche Unterschied zwischen Sozialdemokratie und Kommunismus. Trotzki, mit der möglichen Ausnahme von Bucharin der gründlichste Denker unter den Sowjetführern, empfand dies sehr genau: In der letzten Zusammenfassung seiner Ideen, der Streitschrift "Ihre Moral und unsere"[27], erklärte er den Konflikt über das Ziel-Mittel-Problem als den entscheidenden Unterschied zwischen seiner eigenen Position — die er mit einigem Recht als die des vorstalinistischen Sowjet-Kommunismus betrachtete — und der sozialdemokratischen.[28]

Der sozialdemokratische Glaube an Humanität und an die Demokratie als die allein humane Regierungsform war nun im wesentlichen frei von dem ethischen Relativismus von Marx, der — wenn auch nicht konsequent — alle Moral als eine historisch bedingte Klassenmoral betrachtete. Auch der Begriff der Diktatur des Proletariats, den Marx mit oder ohne Absicht unklar gelassen hatte, lastete nicht mehr auf der Sozialdemokratie. Was die Glaubwürdigkeit des Humanitätsbekenntnisses der Sozialdemokratie in manchen Fällen beeinträchtigte, war eine Konsequenz ihrer Regierungsverantwortung: Gegen Aufständische muß jede Regierung mit Zwang vorgehen, und jede Regierung muß gegen mögliche Angriffe von außen über Zwangsmittel verfügen. Die Regierung mag in inneren Kämpfen alle unnötigen Härten zu vermeiden suchen, aber wie weit der Versuch gelingt, hängt außer von der Taktik der Gegenseite auch davon ab, wie weit die Regierung die Kontrolle über ihre eigenen Exekutivkräfte behält, und in den verwirrten Zuständen der ersten Nachkriegszeit war dies für alle Linksregierungen ein schweres Problem. Überdies kommt es in Bürgerkriegssituationen auch bei größter Disziplin und Zurückhaltung von Polizei und Militär zu Szenen, die das Gefühl der Menschlichkeit tief beleidigen. Eine Regierung mag auch die besten Absichten haben, mit anderen Völkern in Frieden zu leben und die Rüstungsausgaben möglichst zu beschränken — in einer Lage wie der nach 1918 zerstört sie sich selbst, wenn sie sich dem Vorwurf aussetzt, das eigene Volk wehrlos zu lassen. Und schließlich enthält das Erbe, das jede neue Regierung antreten muß, fast immer auch Elemente, die sie abbauen möchte, aber nicht sofort loswerden kann.

Als daher die sozialdemokratische Regierung in Deutschland den Truppen befehlen mußte, auf kommunistische Arbeiter zu schießen, welche die Macht mit Gewalt ergreifen wollten, als britische Truppen unter der ersten und zweiten Labour-Regierung die Kolonialherrschaft in verschiedenen Teilen des

---

27) Leo T r o t z k i: Their Moral and Ours, New York 1942.

28) Trotzkis Formulierung des Gegensatzes ist aber in mancher Beziehung irreführend. Die Diskussion ging nicht darum, ob eine "Heiligung" an sich illegitimer Mittel durch Ziele überhaupt möglich ist; natürlich darf man den Rasen betreten oder schneller fahren, als das Gesetz es erlaubt, um ein Menschenleben zu retten. Mindestens bis zum Ausbruch des Atomzeitalters hielten die meisten Menschen einen Krieg zur Verteidigung menschlicher Freiheit für gerechtfertigt. Die eigentliche Frage ist die, welche Ziele welche Mittel rechtfertigen und ob es nicht einige Mittel gibt — z. B. den Terror —, die durch kein Ziel zu rechtfertigen sind. Für den Gegensatz zwischen Sozialdemokratie und Kommunismus war die Frage besonders wichtig, wieweit die Errichtung einer neuen Gesellschaftsordnung die Anwendung inhumaner Mittel "heiligt" — besonders auch mit Rücksicht darauf, daß der Terror gegen Menschen anderer Klassen oder Gesinnungen diejenigen verdirbt, die ihn ausüben und die doch die neue Ordnung aufbauen sollen.

Empire verteidigen mußten, als weder in Deutschland noch in Frankreich, noch in Großbritannien, noch in Belgien der zeitweise starke sozialdemokratische Einfluß zu einer wirklichen Abrüstung führte und manchmal selbst Aufrüstung nicht verhindern konnte, weil die Welt immer noch unfriedlich war, da zweifelten auch viele wohlmeinende Menschen an der Echtheit des Willens zur Humanität bei den sozialdemokratischen Führern. Die Zweifel wurden verstärkt durch Ausschreitungen der für die Regierung kämpfenden Truppen — wie die Ermordung Liebknechts und Rosa Luxemburgs oder die Untaten mancher Freikorps bei der Niederwerfung der Münchener Räterepublik — und durch schwer zu rechtfertigende Rüstungsforderungen, denen sich sozialdemokratische Minister aus Rücksicht auf ihre Koalitionspartner nicht widersetzen konnten, wie in der deutschen Panzerkreuzerkrise von 1928.[29] Es ist eben für diese Massen — und gerade auch für viele Intellektuelle — schwer zu verstehen, daß der politisch handelnde Führer, auch wenn er durchdrungen ist vom Willen zur Menschlichkeit, nicht mehr tun kann, als die Regierungsgewalt so human wie möglich auszuüben; ein Staat der absoluten, idealen Humanität kann nicht existieren. Darin haben die Anarchisten recht; nur würde sich ohne den Staat noch viel Schlimmeres noch viel öfter ereignen.

Der absolute Wille zum Humanismus hat sich in der Periode nach 1918 oft gegen die Sozialdemokratie ausgewirkt. Obwohl das neuerdings vielfach geleugnet wird, hat dieser Geist zur Schwächung der Demokratie und in Deutsch-

---

29) Im Frühjahr 1928, als die Sozialdemokraten noch nicht an der Regierung beteiligt waren, hatte das Reichskabinett den Neubau eines Panzerkreuzers als Ersatz für ein veraltetes Schiff beschlossen. Der Bau hielt sich im Rahmen des Versailler Friedensvertrags; der Umstand, daß dieser Vertrag die deutschen Rüstungsmöglichkeiten sehr beschränkt hatte, wirkte in den bürgerlichen Parteien für den Gedanken, daß man die verbleibenden Möglichkeiten restlos ausnutzen müsse. Außerdem schien es einer Reihe von Politikern geboten, gegenüber möglichen polnischen oder russischen Angriffen eine deutsche maritime Präsenz in der Ostsee sicherzustellen. Die Sozialdemokraten waren ganz überwiegend der Meinung, daß der Bau entweder nutzlos oder doch nicht wichtig genug sei, um die Ausgabe zu rechtfertigen; viele von ihnen betrachteten alle Rüstungsausgaben mit Mißtrauen oder Ablehnung. Im Wahlkampf 1928 erweckte die Sozialdemokratie den Eindruck, daß sie die Vorlage ablehnen würde. Als aber der günstige Wahlausgang den Sozialdemokraten Hermann Müller an die Spitze eines Koalitionskabinetts gebracht hatte, stellte sich heraus, daß eine Verhinderung des Panzerschiffbaus die anderen Koalitionsparteien der Sozialdemokratie entfremden und den Reichspräsidenten Hindenburg zu einer scharfen Stellung gegen sie veranlassen würde. Um die neugewonnene Machtstellung nicht zu gefährden, ließen die sozialdemokratischen Minister nach langem Hin und Her den Bau des Kreuzers zu. Die Unzufriedenheit innerhalb der Partei hielt lange an, und die Kommunisten nützten die scheinbar widerspruchsvolle Haltung der sozialdemokratischen Kabinettsmitglieder gegen die Sozialdemokratie aus.
Ähnliche Schwierigkeiten mit der Wehrfrage erlebte die französische Sozialdemokratie im Jahre 1927, als ihre Zustimmung zu einem Wehrgesetz erheblichen Widerstand in den eigenen Reihen fand, obwohl das Gesetz durch den Versuch, Rüstungsprofite zu verhindern, den pazifistischen Stimmungen entgegenkam. In Belgien führte im Jahr 1921 die antimilitaristische Haltung des Sozialdemokraten Eduard Anseele zum Bruch der Koalition mit den Katholiken und Liberalen und zum Ausscheiden der Sozialdemokraten aus der Regierung.

land zu ihrem Untergang beigetragen, und zwar gerade auch dann, wenn er, wie z. B. in der Zeitschrift "Die Weltbühne", mit tiefer Überzeugung, Mut und Witz vertreten wurde; Demokratie verlangt, daß die Massen wenigstens ein Mindestmaß an Verständnis für die Zwangslagen ihrer Führer haben, und wer sie daran irremacht, wirkt gegen die Demokratie, auch wenn seine Absichten die besten sind.

Diese Dinge hätten noch viel mehr gegen die Sozialdemokratie gewirkt, wenn nicht die Brutalitäten der Faschisten und Kommunisten den Arbeitern gezeigt hätten, welche Unmenschlichkeiten geschehen, wenn man sich vom Boden der Demokratie entfernt. Schon in den 1920er Jahren wirkten die Unterdrückung aller Freiheit in Sowjetrußland, die Skrupellosigkeit der vom zaristischen Regime übernommenen Geheimpolizei, die Blutopfer in Kronstadt und anderswo ebenso abschreckend wie die Morde an Antifaschisten in Italien und die Verfolgung aller Gegner des Mussolini-Regimes mit Kerker und Verbannung; was man in Deutschland von Faschisten zu erwarten hatte, zeigten unter anderem die von Nazis und ihren verbündeten Organisationen begangenen Fememorde und ähnliche Verbrechen; in den 1930er Jahren, mit den Zwangskollektivierungen und den Schauprozessen in der Sowjetunion und mit der weiter anschwellenden faschistischen Welle, prägte sich das alles noch stärker aus. Es gehörte schon sehr viel Blindheit dazu oder aber die blanke Verzweiflung, die mit der Massenarbeitslosigkeit nach 1929 einsetzte und viele Menschen überhaupt nicht mehr ruhig denken ließ, um zu übersehen, daß die Sozialdemokratie, auch wenn sie kein Regime der absoluten Humanität einführen konnte und manche Unterlassungssünden oder andere Fehler beging, doch durch ihren Einfluß die Greueltaten verhinderte, die von totalitären Regierungen und ihren Anhängern begangen wurden, wo immer sich ihnen eine Gelegenheit dazu bot.

Aber wenn auch die Furcht vor dem Faschismus und die Abschreckung durch den stalinistischen Terror manche Arbeiter, die sonst abgeschwenkt wären, bei der Sozialdemokratie hielten, so war dies doch nur ein teilweiser Ausgleich für die Schäden, welche die totalitäre Welle der sozialdemokratischen Bewegung zufügte, schon bevor diese in einigen Kernländern Europas von dieser Welle weggespült wurde. Zu den Erschwerungen trug auch eine falsche Interpretation des Faschismus bei. Für manche marxistischen Theoretiker, aber auch für nicht wenige Arbeiter, war der Faschismus eine Erscheinungsform des Kapitalismus in seiner letzten Phase; wer dies glaubte, dem mußte es für eine Arbeiterpartei als ein hoffnungsloses Unternehmen erscheinen, sich mit politischen Repräsentanten des Kapitalismus zu verbünden, um den Faschismus abzuwehren. Aber die parlamentarischen Führer der Sozialdemokratie wußten keinen anderen Weg — weil es keinen gab —, um den Faschisten den Weg zur Macht zu verlegen, als eine Koalition oder zum mindesten eine Verständigung mit nicht-faschistischen bürgerlichen Parteien. Daraus entsprang die "Tolerierung" des Kabinetts Brüning durch die deutsche Sozialdemokratie ebenso wie die Bündnisse, welche französische Sozialisten unter der Führung von Léon Blum mit den bürgerlichen Radikalen schlossen[30]; ähnliche Fälle der Zusammenarbeit gab es in Belgien und Skandinavien, aber fast immer gegen Widerspruch in den eigenen Reihen.

Der Grad des Widerstandes, den diese Politik bei den Arbeitern fand, war von Fall zu Fall verschieden: Er war groß im Fall der Tolerierungspolitik, klein im Fall des Kabinetts Blum. Ein erschwerender Faktor aber war fast überall vorhanden: Da der Kulminationspunkt der faschistischen Bewegung in die Zeit der großen Wirtschaftskrise fiel, waren die meisten Koalitions- oder von den Sozialdemokraten unterstützten Regierungen außerstande, die sozialen Verhältnisse einigermaßen befriedigend zu gestalten. Zum Teil fühlten sich die Regierungen durch ihre finanzielle Misere gezwungen, die Sozialausgaben zu beschneiden oder Löhne und Gehälter zu kürzen. Die Arbeiter aber waren damit unzufrieden, daß ihre Partei für solche Maßnahmen eine direkte oder indirekte Verantwortung übernahm, auch wenn es in der Absicht geschah, nicht-faschistische Regierungen an der Macht zu erhalten. Da sie dieser Politik des "kleineren Übels" widerstrebten, ließen sich viele von ihnen überreden, daß ein solcher Kurs notwendig scheitern müsse, und wandten sich den Kommunisten zu. Daher stieg die kommunistische Welle gleichzeitig mit der faschistischen an, und die ganze politische Mitte, vor allem aber die Sozialdemokratie, wurde von zwei Seiten unter schweren Druck gesetzt. Wohl wirkte es hier und dort gegen die Kommunisten, daß sie sich manchmal durch Zusammenarbeit mit den Faschisten kompromittierten — gleichsam als Vorläufer des Hitler-Stalin-Pakts von 1939. Auch daß sie trotz der offenkundigen faschistischen Gefahr die Sozialdemokratie als ihren Hauptfeind behandelten, tat ihnen gelegentlich Abbruch. Aber die Gesamtentwicklung war so günstig für die Extremisten der Linken und der Rechten, daß auch ihre Fehler ihnen nicht allzuviel schaden konnten.

Mit der gleichzeitigen Zunahme von Faschisten und Kommunisten entstand der Eindruck, daß den totalitären Herrschaftsformen die Zukunft gehöre und daß die Demokratie ausgespielt habe. Diese tiefe Erschütterung des demokratischen Selbstvertrauens war an sich ein verhängnisvoller politischer Faktor. Dazu kam, daß mit der Zunahme der Flügelgruppen in den Parlamenten diese in einigen Ländern ihre Funktionsfähigkeit einbüßten — Kommunisten und Faschisten konnten nur im Negativen eine Mehrheit bilden; sie konnten nicht gemeinsam regieren. Wo die Schwächung der Mitte sehr weit ging, zerstörte sie die Grundlage für positives politisches Handeln, was in der Wirtschaftskrise besonders verhängnisvoll war. Mit der Lahmlegung der Legislative schien kein anderer Weg offen, als die Exekutive in der Form von "Präsidialkabinetten" und ähnlichen Bildungen mehr oder weniger selbständig zu machen.

Die Sozialdemokratie litt besonders darunter, daß es für sie immer schwieriger wurde, Partner für parlamentarische Bündnisse zu finden. Während die sozial-

---

30) Daß das Blum-Kabinett auch kommunistische Unterstützung erhielt, war einer besonderen internationalen Situation zuzuschreiben, in der sich die Sowjetunion zeitweise dem Westen näherte.

demokratische Gefolgschaft sich bis zum Ende der demokratischen Freiheiten
— wo sie ausgelöscht wurden — gegenüber dem Faschismus als nahezu immun
erwies, verloren die Parteien der bürgerlichen Mitte viele ihrer Anhänger an die
Faschisten; einige wurden bis zur Bedeutungslosigkeit reduziert. Da die Sozialdemokraten, noch mehr als die bürgerliche Mitte, den Angriffen der Faschisten ausgesetzt waren, fürchteten die bürgerlichen Parteien, durch eine Verständigung mit den Sozialdemokraten noch mehr zu verlieren. Darüber hinaus
glaubten die mehr nach rechts neigenden bürgerlichen Politiker, daß mit dem
Aufstieg des Faschismus sich ihnen eine Alternative zur Verständigung mit
den Sozialdemokraten eröffne; zu spät bereuten sie dann ihren Handel mit
dem Teufel. Freilich wurde dieses Spiel nur in Italien, Deutschland und Österreich ganz zu Ende gespielt.[31] Aber fast überall wirkte das allgemeine Gefühl,
daß die Diktatoren "von der Welle der Zukunft getragen" wurden, im Sinn
einer Schwächung der Sozialdemokratie und einer Verkürzung der Zeit, in der
sie — wie im französischen Kabinett Blum — Anteil an der Macht hatte. Nur
in Belgien und Schweden, wo es den Sozialdemokraten — teilweise durch
besondere Umstände begünstigt — gelang, die schlimmsten Wirkungen der
Wirtschaftskrise in den späteren dreißiger Jahren abzufangen, war auch ihre
politische Stellung sehr viel besser.

Nicht der Faschismus selbst, wohl aber die Wirtschaftskrise, der er seinen
Machtanstieg verdankte, hatte bei allen ihren katastrophalen Folgen doch
auch eine positive Wirkung für die Sozialdemokratie: Sie zerstörte den Mythos
— der freilich schon seit der letzten Hälfte des 19. Jahrhunderts geschwächt
war —, daß es der Menschheit unter einem unregulierten kapitalistischen
System am besten gehe. Auf die lange Sicht war es auch für Europa besonders
wichtig, daß dieser Irrglaube in den Vereinigten Staaten, wo er unmittelbar
vor der Krise besonders erstarkt war, nun beinahe ausgerottet wurde. Ohne
diese Entwicklung wäre die Zusammenarbeit der Vereinigten Staaten mit den
wiedergeborenen Demokratien Europas nach dem Zweiten Weltkrieg kaum
möglich gewesen; man braucht nur an Berlin zu denken, um zu erkennen, wie
wichtig diese Zusammenarbeit gerade auch für die Sozialdemokratie war.

6. DIE SOZIALDEMOKRATISCHE "SUBKULTUR"

Unter den Entwicklungen innerhalb der sozialdemokratischen Bewegung, die
vor dem Ersten Weltkrieg begannen, aber sich erst nach 1918 voll auswirkten,
hat eine erst neuerdings die verdiente Beachtung gefunden: das Werden der

---

31) Zur Situation der Sozialdemokratie in der zerfallenden Demokratie der Weimarer
Republik vgl. u. a. auch: Eduard H e i m a n n: Die Ursprünge des Nazismus als zeitge-
schichtliche Lehre für unsere Demokratie, in: Hamburger Jahrbuch für Wirtschafts- und
Gesellschaftspolitik, 13. Jahr (1968), S. 11 ff.; ferner: Friedrich S t a m p f e r: Die ersten
14 Jahre der Deutschen Republik, Offenbach/M. 1947.

sozialistischen oder, wie man es gelegentlich genannt hat, der proletarischen "Subkultur".[32]

Schon durch ihre enge Verbindung mit Gewerkschaften und Genossenschaften reichte der Einfluß der Sozialdemokratie über die politische Sphäre hinaus bis in den wirtschaftlichen Alltag des Arbeiters. Für diesen Teil ihrer Tätigkeit gab es praktische Gründe; aber auch ein Gefühl der Zusammengehörigkeit trug dazu bei, das in der Arbeiterschaft durch die Ähnlichkeit der Lebenslage, durch eine gemeinsame Gesellschaftsauffassung und durch die Leiden und Gefahren, die sie für die sozialistische Sache erlitten hatte, entstanden war. Besonders die Vorkämpfer der Bewegung, aber auch recht breite Massen hatten ein Solidaritätsgefühl entwickelt, das es ihnen natürlich erscheinen ließ, auch im Wirtschaftsleben und überhaupt im Alltag zusammenzustehen. Die Arbeiterbewegung mit ihren Komponenten Sozialdemokratie, Gewerkschaften und Genossenschaften war eben nicht nur eine "Gesellschaft" im Sinn von Ferdinand Tönnies, sondern eine "Gemeinschaft" — wenigstens für einen Teil ihrer aktiven Mitglieder; sie wurde zusammengehalten nicht nur durch gemeinsame konkrete Ziele, nicht nur durch Zweckmäßigkeitserwägungen, sondern auch durch gefühlsmäßige Bindungen.

Diese Gemeinschaft wurde abgerundet durch das Hinzuwachsen eines umfassenden Baus von Arbeiterorganisationen zur Kulturpflege und Freizeitgestaltung. Partei, Gewerkschaften und Genossenschaften bildeten den Kern; aber um sie herum entstand ein weiter Bereich institutionalisierten Lebens, innerhalb dessen sich ein sozialdemokratischer Arbeiter fast von der Wiege bis zur Bahre unter Gesinnungsgenossen bewegen konnte. Wie bei der Entstehung der Gewerkschaften und Genossenschaften haben auch bei der Gründung der Kultur- und Freizeitorganisationen praktische Gründe — sowohl der einzelnen wie der Bewegung — stark mitgespielt. Arbeiter konnten in der Regel die Mitgliedsbeiträge für Sport- und Kulturvereinigungen des Mittelstandes nicht erschwingen; sie waren in diesen auch meist nicht willkommen und hätten es schwer gehabt, sich den dort üblichen Umgangsformen anzupassen. So bildeten sie ihre eigenen Verbände für die verschiedensten Zwecke, von Turnvereinen bis zu Schachklubs. Auf der anderen Seite benötigte die Partei z. B. Stationen für Erste Hilfe bei Massenversammlungen und Demonstrationen; sie wurden in der Regel mit "Arbeitersamaritern" besetzt, die stolz waren auf ihr meistens von sozialdemokratischen Ärzten erworbenes Wissen. In Wahlkämpfen mußten Melder in den Hauptquartieren der Partei verfügbar sein, und diese Aufgabe wurde von Arbeiter-Radfahrvereinen übernommen. Am 1. Mai, dem internationalen Arbeiterfeiertag, trugen die Arbeiter-Sportvereine

---

32) Dieser Ausdruck ist, soweit ich sehen kann, zuerst von Günther R o t h in seinem Buch "The Social Democrats in Imperial Germany", Totowa (N. Y.) 1963, S. 159 ff. gebraucht worden.
Mit dem Problem der Arbeiter- bzw. sozialistischen Subkultur hat sich der Deutsche Volkskundekongreß 1971 in Trier beschäftigt. U. a. referierte dort Vernon L. Lidtke (Baltimore) über die kulturelle Bedeutung der Arbeitervereine in Deutschland.

und Arbeiter-Gesangvereine zu den Festlichkeiten bei. Der Touristenverein der Arbeiter, die "Naturfreunde", erlangte nach dem Ersten Weltkrieg politische Bedeutung, als die anderen alpinen Vereine zumindest in Deutschland und in Österreich von nationalistischen Tendenzen durchsetzt waren. Die Schutzhütten der "Naturfreunde" wurden damals zu Zufluchtsstätten für Wanderer, die in den Bergen dem politischen Fanatismus und dem Rassenhaß entgehen wollten, und waren somit ein sichtbares Zeichen dafür, daß der Glaube an die Bruderschaft aller Menschen ein Bekenntnis der sozialdemokratischen Bewegung war.[33]

Über und hinter den praktischen Zwecken stand der Wille des Kerns der sozialdemokratischen Arbeiterschaft, eine Lebensgemeinschaft zu bilden. Dieser Wille, mehr noch als die Nützlichkeit der Organisationen, war die Quelle ihrer Vitalität; es ist nur natürlich, daß mit der Annäherung der Lebensverhältnisse der Arbeiter an die des Mittelstandes diese Vitalität abnimmt. Wer die Kultur- und Freizeitbewegung der Arbeiter in ihrer Blütezeit gekannt hat, kann diesen Niedergang nicht ohne Bedauern beobachten, obwohl er nur eine Begleiterscheinung eines historisch notwendigen Prozesses ist.

Hie und da tauchte der Gedanke auf, daß diejenigen Vereinigungen, deren Tätigkeit kulturelle Bedeutung hatte, hinarbeiten sollten auf eine "proletarische Kultur", von der man glaubte, daß sie von den korrumpierenden Einflüssen des Kapitalismus frei sein könne. Dieser Gedanke spielte eine besonders große Rolle bei der in Deutschland und Österreich verbreiteten Institution der Volksbühne. Diese Theater pflegten tatsächlich das naturalistische und expressionistische Drama zu einer Zeit, als andere private oder vom Staat unterhaltene oder subventionierte Bühnen vor solchen "modernistischen" Richtungen zurückschreckten. Aber es kam deshalb doch nicht zu einer eigenständigen proletarischen Kultur, sondern höchstens zu Pionierdiensten für das allgemeine Kulturleben. Im großen und ganzen konnten die Arbeiter nicht mehr erreichen, als Zugang zu der bestehenden bürgerlichen Kultur zu finden; darüber hinausgehende Hoffnungen erwiesen sich als ebenso illusionär wie die Konzepte des "Proletkult" und "sozialistischen Realismus" in den kommunistischen Ländern. Tatsächlich zeigten sich die Arbeiter in den meisten Ländern nicht einmal besonders empfänglich für kulturelle Neuerungen, sondern blieben den Traditionen des 19. Jahrhunderts noch länger verhaftet als Teile des Bürgertums. Die Neuerungen im Theater waren meist einigen besonders begabten und experimentierfreudigen Intendanten der Volksbühne zuzuschreiben — Erwin Piscator in Berlin ist ein hervorragendes Beispiel. In der

---

33) In der Mitte zwischen politischer und kultureller Arbeit standen die Schulungskurse der Sozialdemokratie. Die Partei brauchte weit mehr Funktionäre mit einem über die Volksschule hinausreichenden Wissen, als sie aus den Reihen der Intellektuellen gewinnen konnte; außerdem wäre es aus naheliegenden Gründen falsch gewesen, alle diese Posten mit Intellektuellen zu besetzen. Daher unterhielt die sozialdemokratische Partei in jedem Land ein System von Lehrgängen für Mitglieder proletarischer Herkunft; diese Kurse waren vorwiegend, aber nicht ganz ausschließlich, auf den Erwerb politischen und wirtschaftlichen Wissens gerichtet.

Zeit zwischen den beiden Kriegen war immerhin die intellektuelle Elite der jungen Arbeiter bereit, in Neuland vorzustoßen.

Die Existenz einer proletarischen Subkultur hatte zwei entgegengesetzte Wirkungen. Auf der einen Seite verstärkte sie das Klassenbewußtsein und tendierte dazu, die Arbeiter von der übrigen Gesellschaft zu isolieren. Wenn man wollte – und viele Marxisten wollten es –, konnte man die Sache so ansehen, daß die Arbeiter im Schoß der alten Gesellschaft die Gesellschaft der Zukunft aufbauten. Das war gewiß Illusion, aber die Illusion war selbst eine Kraft, die im Sinne der Klassentrennung wirkte. Auf der anderen Seite öffneten die Organisationen den Arbeitern einen Zugang zur Kultur der Zeit; ihre kulturelle Unterprivilegierung wurde abgebaut. So bereitete die Subkultur jene Reduzierung der Klassenunterschiede in Bildung und Lebensstil vor, die besonders nach dem Zweiten Weltkrieg in Erscheinung trat. Das Problem lag ähnlich wie das der kulturellen Assimilation der Neuankömmlinge in den Vereinigten Staaten und anderen Einwanderungsländern. Soll man jede Einwanderergruppe in eigenen Verbänden und Institutionen zusammenfassen und soll man es begrüßen und fördern, wenn sie sich spontan so zusammenschließen, oder soll man soweit wie möglich darauf bestehen, daß sie ihr soziales Sonderleben raschestens aufgeben? In den Einwandererverbänden wird die Sprache des Geburtslandes und oft auch die Verbindung mit ihm gepflegt; damit wird ein Zaun gegenüber der Kultur des Wohnlandes errichtet. Aber auf der anderen Seite wird – mit oder ohne Absicht – die Kultur des Wohnlandes den Mitgliedern in der Sprache des Geburtslandes und in Verbindung mit ererbten Traditionen nahegebracht. Das ist oft die einzige Form, in der die Neuankömmlinge diese Kultur oder Teile von ihr überhaupt aufnehmen können. Im großen und ganzen hat sich erwiesen, daß die kulturelle Assimilation durch die Einwandererverbände eher gefördert als gehemmt wird. Ebenso gibt es kaum einen Zweifel, daß die kulturellen und sportlichen Arbeiterorganisationen, wie sie vor dem Ersten Weltkrieg und in der Zeit zwischen den Kriegen bestanden, sich mehr als Brücke denn als Trennungsmauer zwischen den Klassen erwiesen haben.

Ein Wahrscheinlichkeitsbeweis für diese Ansicht läßt sich gewinnen, wenn wir darauf sehen, in welchem Land die proletarische Subkultur am besten ausgebildet war. Dieses Land war Belgien. Die Maisons de Peuple in den belgischen Groß- und Industriestädten waren Zentren, in denen alle Arten von Wohlfahrts-, Sport- und Bildungsorganisationen mit der Partei, den Gewerkschaften und Genossenschaften zu einer höheren Einheit zusammengeschmiedet waren. Nun gab es in Belgien zwar scharfe, auch gewalttätig ausgetragene Klassenkämpfe, aber trotz des gelegentlichen Ausbruchs revolutionärer Leidenschaften war der belgische Sozialismus im ganzen evolutionär und demokratisch, obwohl er lange Zeit gegen ein sozial besonders rückschrittliches Bürgertum zu kämpfen hatte. Die proletarische Subkultur hat gewiß das Selbstbewußtsein der Arbeiter gestärkt, sie hat ihnen auch in Kämpfen geholfen, aber sie hat nicht dahin tendiert, den Klassenkampf als einen rücksichtslosen Krieg zu führen: Der selbstbewußte belgische Arbeiter hatte es leichter, ein menschliches Verhältnis zu anderen Schichten der Gesellschaft zu finden, als der Arbeiter z. B. in Italien. Ein äußeres Zeichen dafür ist der geringe Erfolg der kommunistischen Propaganda in Belgien.

7. SOZIALDEMOKRATIE UND WIRTSCHAFTSTHEORIE

Die marxistische These von der Überlegenheit des Sozialismus über den Kapitalismus beruhte auf zwei Annahmen. Die erste sah die Verbesserung der Lage der Arbeiter im wesentlichen als ein Verteilungsproblem: Mit der Abschaffung des "Mehrwerts" würden die Mittel frei, um die Lage der Arbeiter entscheidend zu heben. Zum mindesten für alle entwickelten Industriestaaten ist dies ein statistischer Irrtum: Zwar sind die Spitzeneinkommen im einzelnen Fall das Hundertfache — oder mehr — eines Arbeitereinkommens, aber die Oberschicht ist dünn besetzt, daher ist die Gesamtsumme der Mehreinkommen in der Oberschicht — bei jeder realistischen Definition der Grenze zwischen den sozialen Schichten — nicht groß genug, um selbst bei radikaler Ausgleichung das Einkommen des einzelnen Arbeiters um mehr als einen recht bescheidenen Prozentsatz zu erhöhen. Durch die Mängel der Statistik war im 19. Jahrhundert und bis ins zwanzigste hinein diese Tatsache einigermaßen verhüllt; immerhin haben schon vor 1900 einige Marxisten, und wahrscheinlich auch Marx und Engels selbst, eine Ahnung von der Schwäche des Verteilungsarguments gehabt. Sie fielen daher oft auf das Argument zurück, daß der Sozialismus das Sozialprodukt nicht nur gerechter verteilen, sondern auch außerordentlich vergrößern würde. Der Kuchen sollte nicht nur in weniger ungleiche Teile geschnitten werden, er sollte auch ganz andere Dimensionen besitzen.

Hat der Sozialismus wirklich Möglichkeiten, die Produktion so viel rationeller zu gestalten, daß unter sonst gleichen Umständen wesentlich mehr Güter und Dienste produziert werden als im Kapitalismus? Daß an der These einiges richtig sein kann, wenn man nämlich den Sozialismus als Vorstufe zur Wirtschaftsplanung betrachtet, wird später darzulegen sein; in ihrer ursprünglichen Form aber war sie nicht besser begründet als das Verteilungsargument. Sie beruhte nämlich in der Hauptsache auf der Gleichsetzung von technischen und wirtschaftlichen Möglichkeiten der Produktionsausweitung. Das Profitinteresse, so argumentierte man, setze der kapitalistischen Produktion Schranken, die der Sozialismus beseitigen werde. Dies trifft zu für Fälle des Monopols und des Halbmonopols — der "unvollkommenen Konkurrenz" —, aber deren quantitative Bedeutung reicht nicht aus, die Forderung nach einer Revolution der Wirtschaftsverfassung zu begründen,[34] und jedenfalls war das Argument viel

---

34) Gewiß haben Beschränkungen der Konkurrenz durch die fortschreitende Konzentration der Industrie und durch die Vervollkommnung der Monopolisierungstechnik so zugenommen, daß die freie oder auch nur die mäßig eingeschränkte Konkurrenz heute fast einen Ausnahmefall bildet. Dieselbe technologische Tendenz aber, die für diese Entwicklung verantwortlich ist, hat der Ausbeutung des Konsumenten durch monopolistische Preissetzung engere Schranken gesetzt: Bei der Größe des fixen Kapitals in modernen Produktionsanlagen hat der Produzent ein starkes Interesse an einem hohen Grad der

allgemeiner gemeint. Jedes Wirtschaftssystem muß für jeden Produktionsprozeß gewährleisten, daß die Bedeutung der in die Produktion eingehenden Güter für die Bedürfnisbefriedigung nicht größer ist als die Bedeutung der im Lauf des Produktionsprozesses erzeugten Güter. Die Bedeutung der Kostengüter, die in einen Produktionsvorgang eingehen, richtet sich nach ihrer Seltenheit und ihrer Verwendbarkeit für andere Produktionsvorgänge; keine Gesellschaft ist reich genug an Mitteln der Bedürfnisbefriedigung, um alle Produktionsmöglichkeiten auszunutzen, welche die Ingenieure ersinnen können. Daher ist die wirtschaftliche Grenze jeder einzelnen Produktion immer viel enger als die technische. In der Marktwirtschaft wird durch die Konkurrenz der einzelnen Produktionszweige um Grund- und Hilfsstoffe und um Arbeitskräfte jeder Einheit der Kostengüter eine Wertgröße zugeteilt, die nach dem Idealschema, und mit einigen Einschränkungen auch in der Praxis, ihre wirtschaftliche Bedeutung ausdrückt, und ebenso sorgt der Markt dafür, daß jede Produkteinheit eine Wertgröße erhält. In einer Wirtschaftsordnung, in der private Produzenten die Produktionsmittel besitzen, bewirkt das Profitinteresse (im Normalfall), daß der Wert der Kostengüter nicht den Wert der Produkte übersteigt; in einer Wirtschaft des Kollektiveigentums muß dafür auf andere Weise gesorgt werden. An der Spanne zwischen dem Wert der Kostengüter und dem Produktionswert besteht ein gesellschaftliches Lebensinteresse, und in einer komplizierten Wirtschaft kann diesem Interesse nur durch ein Rechnen mit Wertgrößen Genüge geschehen.

Die Auflösung der Vorstellung, daß die technische Möglichkeit der Expansion einer Industrie mit der wirtschaftlichen identisch sei, und die daraus folgende Erkenntnis, daß auch eine sozialistische Wirtschaft eine Wirtschaftsrechnung brauche, war das Ergebnis einer jahrzehntelangen Diskussion, die noch vor der Jahrhundertwende begann und bis in die 1930er Jahre fortgesetzt wurde.[35]

Kapazitätsauslastung; er kann sich also keine Preisfestsetzung leisten, welche die Nachfrage zu sehr beschränkt (anders ausgedrückt: Das Monopoloptimum liegt bei einem größeren Umsatz und deshalb bei einem erhöhten Preis, als das bei einem geringeren Anteil der fixen Kosten der Fall wäre). Ferner hat mit der Vervielfältigung der angebotenen Warensorten deren Konkurrenz um das Konsumenteneinkommen zugenommen, während die Konkurrenz auf dem Markt der einzelnen Warensorte abgenommen hat. (Anders ausgedrückt: Da der Konsument größere Ausweichmöglichkeiten auf andere Warensorten hat, ist die Nachfragekurve nach der einzelnen Warensorte flacher geworden, so daß der Produzent durch Preiserhöhung mehr an Umsatz verliert als früher.) Diese beiden Faktoren erleichtern die Erklärung, wieso bei zunehmender Beschränkung der Konkurrenz auf dem Markt jeder einzelnen Ware der Lebensstandard der Konsumenten so zunehmen konnte, wie er das tatsächlich getan hat.

35) Für die Ursprünge und den Verlauf der Diskussion vgl. Carl L a n d a u e r: Das Eindringen marktwirtschaftlicher Vorstellungen in die sozialistische Ideenwelt, Hamburger Jahrbuch für Wirtschafts- und Gesellschaftspolitik, 1967, S. 142 ff.; Eduard H e i m a n n: Literature on the Theory of a Socialist Economy, Social Research, 1939; Carl L a n d a u e r (mit Elisabeth K r i d l V a l k e n i e r und Hilde S t e i n L a n d a u e r): European Socialism, Berkeley 1959, Vol. II, Chapter 46. Vgl. ferner neuerdings: Hans R a u p a c h (Hrsg.): Jahrbuch der Wirtschaft Osteuropas, Bd. 2, München und Wien 1971. Dieser Sammelband enthält zahlreiche ausgezeichnete Beiträge zur Konvergenztheorie.

In zweifacher Hinsicht dauert die Diskussion sogar bis in die Gegenwart fort: Bei den Wirtschaftsreformen im Sowjetblock handelt es sich im Grund um das gleiche Problem, und die Polemik linkssozialistischer Kreise gegen die Rolle des Profitinteresses beruht zum Teil auf der alten Verkennung der gesellschaftlichen Notwendigkeit, bei jedem einzelnen Wirtschaftsakt für einen Überschuß des Produktwerts über den Wert der Kostengüter zu sorgen. Zwar wurde in der Periode vor dem Ersten Weltkrieg die Diskussion überwiegend von Nichtsozialisten angeregt, doch zeigte sich die sozialistische Literatur dieser Periode im ganzen empfänglich für die neuen Gedanken, ohne daß freilich die sozialistischen Autoren die ganze Bedeutung des Diskussionsgegenstandes erfaßten. In viel größerer Schärfe stellte sich das Problem nach dem Krieg.

Die Autoren, die vor 1914 die Notwendigkeit einer Wirtschaftlichkeitsrechnung in Wertgrößen in der sozialistischen Wirtschaft begründet hatten, standen in ihrer Mehrheit dem Sozialismus ohne scharfe Ablehnung gegenüber. Sie wollten dartun, daß die Sozialisten sich täuschten, wenn sie glaubten, ohne eine Kalkulation von geopfertem und erzieltem Güternutzen, beide ausgedrückt in Wertgrößen, auskommen zu können; aber sie hielten diese Kalkulation zumindest im Prinzip für möglich. Nach dem Ersten Weltkrieg aber trat eine neue Schule von Kritikern unter Führung des österreichischen Wirtschaftswissenschaftlers Ludwig v. Mises auf.[36] Diese Schule behauptete, daß eine sinnvolle Wertrechnung in einer sozialistischen Wirtschaft unmöglich sei; also sei der Sozialismus notwendig irrational. Das Argument gründete sich auf die Behauptung, daß die Wertgrößen der Produktions- und Konsumgüter nur durch die Konkurrenz der Käufer und Verkäufer als lebendige Personen auf dem Markt bestimmt werden könnten. Da es aber im Sozialismus nur einen Verkäufer geben könne, nämlich den Staat, und wenigstens für Produktionsgüter nur einen Käufer, nämlich ebenfalls den Staat, so könnten die Wertrelationen nur willkürlich festgesetzt werden und würden nicht die wirtschaftliche Bedeutung der Güter zum Ausdruck bringen. Des Kompasses echter Preise beraubt, sei der Sozialismus zur wirtschaftlichen Blindheit verdammt.

Die Kommunisten ignorierten das Argument — zu ihrem Schaden; denn sie hätten wichtige Probleme der Sowjetwirtschaft früher und mit größerem Erfolg in Angriff nehmen können, wenn sie rechtzeitig begonnen hätten, das Problem der Wirtschaftsrechnung durchzudenken.[37] Die Theoretiker der Sozialdemokratie brauchten einige Zeit, um eine Stellung zu der Kritik der Mises-Schule zu finden, aber dann erschien eine reiche antikritische Literatur. Das

---

36) Vgl. Ludwig von M i s e s: Die Gemeinwirtschaft, Jena 1922.

37) Lenin sah wohl die Notwendigkeit, mindestens in der Übergangszeit zum vollen Kommunismus die Wirtschaftlichkeit der einzelnen Unternehmungen zu kontrollieren, aber er dachte nur an eine Anwendung der vom Kapitalismus übernommenen Buchhaltungsmethoden, ohne daß er sich über die Funktion der Preise in einer sozialisierten Wirtschaft klarwurde — ja ohne zu sehen, daß hier ein Problem lag.

Mises-Argument war ja im Grunde recht schwach. Niemand — und am wenigsten die Anhänger der neoklassischen Schule der Wirtschaftstheorie, zu der Mises gehörte — konnte bestreiten, daß hinter Angebot und Nachfrage, die durch ihre Bewegung nach einem Gleichgewicht hin die Preise bestimmen, solche physischen und psychischen Realitäten stehen wie die Kosten und ihre Veränderungen mit wachsendem oder abnehmendem Produktionsvolumen, physische Bedürfnisse der Konsumenten und ihre allmähliche Sättigung bei zunehmend besserer Versorgung, psychische Bedürfnisse und Erwartungen der Menschen, die Komplementarität und gegenseitige Ersetzbarkeit von Gütern in der Bedürfnisbefriedigung und die Fähigkeit eines bestimmten Gutes, das für eine bestimmte Verwendung in Aussicht genommen ist, bei Ausfall dieser Verwendung einem anderen Bedürfnis zu dienen. Wenn es den Ingenieuren und anderen technischen Spezialisten gelingt, die physischen Faktoren zu analysieren, und wenn durch Verhaltensforschung, Umfragen oder durch die Lebenserfahrungen der Beobachter Annäherungswerte für die psychischen Faktoren gefunden werden, so kann man mit einiger Sicherheit die Preise schätzen, die ein Gleichgewicht zwischen Angebot- und Nachfragemengen für jedes Gut herbeiführen werden. Das war ja in der Vorkriegsliteratur schon dargelegt worden; indem die Sozialisten auf diese zurückgingen, kamen sie nun in klarerer Erkenntnis der Probleme als vor dem Krieg zu einer Erweiterung des Begriffs des Marktes: Als Kennzeichen des Marktes erschien ihnen der Ausgleich von Angebot und Nachfrage; auf welche Art dieser Ausgleich herbeigeführt wird, ob durch die Konkurrenz physischer Personen als Verkäufer und Käufer oder durch die Berechnung einer Wirtschaftszentrale und die auf sie gegründeten Anordnungen an die Betriebsleiter, ist zwar von überaus großer praktischer Bedeutung, aber beide Formen können im Prinzip die Rationalität der Wirtschaft sichern. Damit war die prinzipielle Möglichkeit der Rationalität auch eines vollkommen zentralistischen Sozialismus gezeigt. Das hieß aber keineswegs, daß die sozialistischen Theoretiker dieser Periode für absoluten Zentralismus eintraten. Im Gegenteil, mehrere von ihnen wandten sich im besonderen Maß dem Problem zu, wie notwendige zentrale Regelungen mit einer Autonomie der Unternehmungen — in einem fest abgesteckten Rahmen — vereinbar gemacht werden könnten. Die neuen Erkenntnisse über Wert und Markt hatten ja die theoretische Basis für eine solche Vereinbarkeit geliefert. Nach diesen Erkenntnissen bedeutet in einer richtig konstruierten Wirtschaft das Gebot der Rationalität das gleiche für die Zentrale wie für das einzelne Unternehmen: kein Gut zu produzieren, das wertvollere Kostengüter erfordert, als sein eigener Wert ausmacht, und alle Güter zu produzieren, deren Wert den der Kostengüter übersteigt. "Richtig konstruiert" bedeutet dabei, daß private und gesellschaftliche Kosten, privater und gesellschaftlicher Nutzen nicht auseinanderfallen dürfen — daß jedenfalls ihre etwaige Differenz nicht die Produktion beeinflussen darf. Dafür zu sorgen erschien als Aufgabe der staatlichen Politik.

Die Antwort auf Mises ging zunächst in der Hauptsache von dem Kreis deutscher Sozialdemokraten aus, der sich um die Zeitschrift "Neue Blätter für den Sozialismus" in den späteren 1920er Jahren gebildet hatte. Hier spielte Eduard

Heimann eine führende Rolle, der auch in seinem Buch "Sozialistische Wirtschafts- und Arbeitsordnung"[38] einen wesentlichen Beitrag zum Ausbau der Theorie leistete. Fast unbeachtet blieb in Europa der Beitrag des Amerikaners Fred M. Taylor, der in einer Ansprache an die American Economic Association im Jahre 1928 die Vorkriegsargumente in die laufende Diskussion einzufügen suchte.[39] Die weitere Initiative ging auf britische sozialistische Schriftsteller über, unter denen Henry D. Dickinson mit seinem Artikel "Priceformation in a Socialist Society"[40] eine führende Rolle spielte. Am eindrucksvollsten aber wurden die marktsozialistischen Gedanken durch Oskar Lange vertreten in seinem Artikel "On the Economic Theory of Socialism", zuerst 1936/37 in der Review of Economic Studies erschienen, dann 1938 in einem Büchlein unter dem gleichen Titel zusammen mit anderen Artikeln veröffentlicht.[41]

In einer Hinsicht fügten sich die neuen Erkenntnisse dem Marxschen Gedankengang ein. Für Marx war der Kapitalismus eine historisch notwendige Vorstufe zum Sozialismus. Bei der Vorarbeit, die nach seiner Meinung der Kapitalismus für die Wirtschaftsordnung der Zukunft zu leisten hatte, dachte er freilich vor allem an die technologische Entwicklung und an die industrielle Konzentration, die aus ihr folgte, aber es liegt durchaus in der Linie seines Denkens, daß auch Techniken der Wirtschaftsführung wie die Wertrechnung vom Kapitalismus entwickelt und vom Sozialismus übernommen werden könnten. Trotzdem führte die Entwicklung weg vom Marxismus, zum mindesten in seiner klassischen Form.

Friedrich Engels hat, zweifellos mit der Zustimmung von Marx, die Wertrechnung für die vollendete sozialistische Gesellschaft scheinbar abgelehnt. Die Beweiskraft der entsprechenden Stelle im Anti-Dühring, in der Engels behauptete, daß die kommunistische Gesellschaft ihre Produktion einteilen werde "ohne Dazwischenkunft des berühmten Wertes"[42], ist aber sehr zweifelhaft,

---

38) Potsdam 1932.

39) Abgedruckt in: Benjamin L i p p i n c o t t (Hrsg.): On the Economic Theory of Socialism, Minneapolis 1938.

40) The Economic Journal, June 1933. D i c k i n s o n hat später seine Ideen in einem Buch "Economics of Socialism" ausgebaut (London 1939).

41) Benjamin L i p p i n c o t t (Hrsg.): a. a. O. Einige revolutionäre Wendungen und Langes späterer Übergang in das stalinistische Lager — der wohl in der Hauptsache aus nationalpolnischen Beweggründen erfolgte — haben die Bedeutung des Beitrags verdunkelt, den Lange mit seinem Aufsatz zu einer spezifisch sozialdemokratischen Theorie leistete. Langes Arbeit wurde ergänzt durch Aufsätze von Abba P. L e r n e r, dessen Hauptwerk "Economics of Control", New York 1944, sich aber durch einen besonders starken Einfluß der Keynesschen Theorie von der Ideenrichtung Langes und anderer Marktsozialisten unterschied.

42) Friedrich. E n g e l s: Herrn Eugen Dührings Umwälzung der Wissenschaft, a. a. O., S. 320.

denn sie läßt durchaus die Deutung zu, daß es sich um verschiedene Definitionen des Wertbegriffs und nicht um eine Meinungsverschiedenheit über den Ablauf des Wirtschaftsprozesses in der Zukunftsgesellschaft handelt. Engels gibt ausdrücklich zu, daß eine "Abwägung von Nutzeffekt und Arbeitsaufwand" notwendig bleibe.[43] Für den Gegensatz zwischen dem Marxismus und der sozialistischen Wertrechnungstheorie wiegt schwerer, daß die moderne Theorie der sozialistischen Gesellschaft ausgesprochen oder unausgesprochen mit dem Nutzwertbegriff arbeitet und sich damit in Gegensatz setzt zu der Marxschen Arbeitswerttheorie; freilich ist einigermaßen umstritten, wie konsequent Marx an der Arbeitswerttheorie festgehalten hat und wie wesentlich diese Theorie für das marxistische Gedankengebäude ist.[44] Aber der stärkste, wenn auch nicht sofort augenfällige Grund für den nicht-marxistischen Charakter der neueren sozialistischen Wirtschaftstheorie ist die Relativierung der Begriffe Sozialismus und Kapitalismus. Im Marxschen Gedankensystem erscheinen diese Begriffe als scharf gegeneinander abgegrenzt und die Systeme, die ihnen entsprechen, beinahe so unvermischbar wie biologische Arten; zwar sind Übergangserscheinungen möglich, aber doch nur so, daß einer bestehenden Gesellschaftsform Teile einer anderen eingepflanzt werden, die auf sie ebenso zerstörend wirken wie die Einfügung eines fremden Körperteils in einen Organismus.[45] Diese Auffassung paßt gut in die revolutionäre Dialektik, die sich einen plötzlichen Umschlag vom Kapitalismus zum Sozialismus vorstellt, so daß für Übergangsmaßnahmen echter Art wenig oder kein Raum bleibt. Für den Reformismus ist das ganz anders: Er muß zeigen, daß es einen Übergang von einem System zum andern geben kann, während dessen die Wirtschaft ohne allzu große Störung abläuft, in dem also die Neuerungen nicht so systemwidrig sind, daß sie das Funktionieren des Wirtschaftsprozesses oder auch nur den Fortschritt der Produktivität verhindern würden. Geschichtlich läßt sich leicht zeigen, daß es solche Formen des Übergangs gibt: Die Ent-

---

43) Ebenda (Fußnote).

44) Schon die oben zitierte Stelle im Anti-Dühring zeigt, daß auch der Marxismus dem Nutzeffekt eine den Wirtschaftsprozeß regulierende Bedeutung zuschreiben muß und sich deshalb nicht an die Aussage marxistischer und nichtmarxistischer Anhänger der Arbeitswerttheorie halten kann, der Nutzen sei zwar eine Bedingung des Wertes, habe aber keinen Einfluß auf sein Maß. Im übrigen ist die Frage, wie weit Marx selbst von der Arbeitswerttheorie abwich, vor allem im Zusammenhang mit seiner These von der Ausgleichung der Profitraten — entwickelt im 3. Band von "Das Kapital" —, seit langem strittig. Siehe darüber besonders Eugen von B ö h m - B a w e r k: Zum Abschluß des Marx'schen Systems, Berlin 1896. Einige Marxisten, welche die Schwäche der Arbeitswerttheorie erkannten, betrachteten sie als unerheblich für den Kern des Marxschen Systems; siehe z. B. Joan R o b i n s o n: An Essay on Marxian Economics, 2. Aufl., 1966, S. 22. Diese Auffassung scheitert aber daran, daß die Arbeitswerttheorie die Grundlage bildet für die Marxsche These der fallenden Profitrate, auf die sich die Voraussage des unvermeidlichen Zusammenbruchs der kapitalistischen Ordnung stützt.

45) Das Kommunistische Manifest spricht von Übergangsmaßnahmen, "die ökonomisch unzureichend und unhaltbar erscheinen, die aber im Lauf der Bewegung über sich selbst hinaustreiben und als Mittel zur Umwälzung der ganzen Produktionsweise unvermeidlich sind."

stehung des Feudalismus aus den Trümmern der antiken Wirtschaftswelt und die Entstehung des Kapitalismus aus dem Feudalismus haben sich über Jahrhunderte erstreckt; während dieser Jahrhunderte ist der Wirtschaftsprozeß nicht zum Stillstand gekommen, und mindestens in dem zweiten Fall haben die Menschen im ganzen in dem Maße besser gelebt, in dem der Umwandlungsprozeß fortschritt, weil die Wirtschaft produktiver wurde.

Für die theoretische Begründung eines allmählichen Übergangs vom Kapitalismus zum Sozialismus – wie immer man diesen definieren mag – hat die neue sozialistische Theorie einen entscheidenden Beitrag geliefert: Wenn die Wirtschaftsrechnung, die im Kapitalismus entwickelt, im Sozialismus übernommen werden kann und muß, wenn dabei ihre wesentlichsten Kategorien, wenn auch nicht immer die tatsächlichen Wertgrößen, die gleichen bleiben, so ergibt sich die Möglichkeit von Mischformen, die lange oder sogar dauernd bestehen können, ohne daß die Elemente sich gegenseitig erheblich hindern und ohne daß ihr Gegensatz den Wirtschaftsablauf wesentlich stören würde. Die Ideenentwicklung hat also eine Theorie des Reformismus möglich gemacht, an der es den alten Revisionisten fehlte. Nur insoweit steht die neuere Theorie nicht im absoluten Gegensatz zum Marxismus, als dieser selbst reformistische Elemente enthält.

Während in der Theorie der Kommunismus die von der "westlichen" Wissenschaft (einschließlich Oskar Langes, der damals in der anglo-amerikanischen Welt lebte) entwickelte Auffassung von der Rolle der Wertrechnung lange Zeit ignorierte oder ablehnte, war seine praktische Haltung nie ganz einheitlich. Rudimente einer Wertrechnung hat es in der Sowjetwirtschaft immer gegeben; in der Hauptsache aber wurde davon ausgegangen, daß die Wirtschaftsentscheidungen sich auf der Grundlage physisch-technischer Überlegungen treffen ließen; soundsoviele Tonnen Weizen, soundsoviele Stücke Kleidung, soundsoviele Wohnräume usw. sind für die Bevölkerung notwendig, soundsoviele Flugzeuge, Panzer usw. wollen wir für die Streitkräfte haben, soundsoviele Fabriken und Laboratorien wollen wir bauen, dazu brauchen wir x Tonnen Stahl, y Tonnen Kohle und eine bestimmte Zahl von Arbeitern mit einer bestimmten Schulung. Aufgrund dieser Überlegung wurden dann an die einzelnen Fabriken Produktionsquoten, definiert in physischen Einheiten, ausgegeben, die sie zu erfüllen hatten, und die Unternehmungen erhielten Bezugsberechtigungen für Roh- und Hilfsstoffe, ebenfalls definiert in physischen Einheiten, ferner Bewilligungen für Anwerbungen einer bestimmten Zahl von Arbeitern. Dieses System führte zu einer Reihe schwerster Mißstände, extremer Zentralisation, weil alle Entscheidungen – mangels jeder Möglichkeit wirtschaftlicher Eigenbewegung der Unternehmungen – von den nationalen oder bestenfalls von einer regionalen Zentrale getroffen werden mußten, Bestrebungen der Unternehmungen, das Soll quantitativ zu erfüllen ohne Rücksicht auf Qualität, Verschwendungen aller Art, weil keine echte Kostenrechnung stattfinden konnte, und anderem mehr. Die Reformen, die seit einigen Jahren in allen osteuropäischen Ländern im Gang sind, laufen darauf hinaus, den Unternehmungen einen größeren Spielraum für eigene ökonomisch rationale Entscheidungen zu gewähren, indem man sie von Produktionsauflagen in physischen Quantitäten befreit, ihnen die Möglichkeit gibt, ihren Bedarf an Material und Arbeitskräften sich durch freien Ankauf und Anwerbung zu beschaffen, und sie verpflichtet, einen möglichst großen Profit zu erzielen. Daraus ergeben sich zwei miteinander zusammenhängende Folgerungen. Erstens kann die Entscheidungsfreiheit der Unternehmungen nur dann zu wirtschaftlicher Rationalität (oder zu einer Annäherung an diese) führen, wenn die Unternehmen sich an Preisen orientieren können, die nicht willkürlich festgesetzt sind – wie die Preise im Stalinistischen System zum großen Teil waren –, sondern die wirkliche Bedeutung der Güter für die Bedürfnisbefriedigung ausdrücken. Zweitens erhebt sich die Frage, wie sichergestellt werden kann, daß die von den Unternehmungen zur Profitmaximierung getroffenen Entscheidungen die Erfüllung des Planes bewirken, den der Staat mit Rücksicht auf seine gesellschaftspolitischen Ziele aufgestellt hat. Da der Plan an einem möglichst großen Überschuß des sozialen Nutzens über die sozialen Kosten orientiert ist, handelt es sich hier um das alte Problem des teilweisen Auseinanderklaffens der privaten und der gesellschaftlichen Nutzenrechnung, nur in einer spezifischen Form; auch diese Form, nicht nur das zugrunde liegende Problem, ist auch im Westen wohl bekannt, da Länder wie Frankreich und die Niederlande – in Ansätzen sogar die Bundesrepublik und die Vereinigten Staaten[46] – einen Wirtschaftsplan erstellen.

Im Profitstreben der Unternehmungen ein Mittel der Planerfüllung zu sehen hat nur deshalb Sinn,[47] weil privater[48] Nettonutzen und gesellschaftlicher Nettonutzen sich überschneiden: Güter zur Bedürfnisbefriedigung mit geringsten Kosten zu erzeugen ist in weitem Umfang für die Gesellschaft ebenso nützlich wie für die Unternehmungen. Deshalb muß der Plan zunächst nach den gleichen Grundsätzen aufgestellt werden wie die Erfolgsrechnung der Unternehmungen, nämlich im Sinne eines möglichst großen Wertüberschusses der Produkte über die Kostengüter. Auf diese Weise wird für die Mehrheit der Wirtschaftsentscheidungen vermieden, daß die Unternehmungen – wie das im Stalinismus der Fall war und heute noch oft in kommunistischen Ländern der Fall ist – von ihrer eigenen Erfolgsrechnung und von der Planbehörde sich widersprechende Instruktionen erhalten: Wenn im einzelnen richtig gewirt-

---

46) Die konjunkturpolitischen Entscheidungen, die der Bundeswirtschaftsminister trifft, stellen ihrem Wesen nach einen sehr weitmaschigen Wirtschaftsplan dar; die Voraussschätzungen und Empfehlungen, die in den Vereinigten Staaten der Council of Economic Advisers jedes Jahr dem Präsidenten und dem Kongreß unterbreitet, gehören in die gleiche Kategorie, nur sind sie nicht ganz so weitmaschig.

47) Schon der Sowjet-Mathematiker Libermann hat in seinem berühmten Prawda-Artikel darauf hingewiesen, daß es bei der Ausgestaltung eines Anreizsystems darauf ankommt, die Betriebsleitung und die Arbeiter zu solchen Leistungen anzuregen, die dem Betrieb "privat", aber auch der Gesellschaft größtmöglichen Nutzen bringen. E. G. L i b e r - m a n n: Plan, Gewinne, Prämie, in: Prawda vom 9. 9. 62.

48) Das Wort "privat" wird hier für alle autonomen Unternehmungen gebraucht, ohne Rücksicht darauf, ob sie sich im öffentlichen Eigentum befinden oder nicht.

schaftet wird, so muß – für das Gebiet der Überschneidung von Privatnutzen und Sozialnutzen – das Aggregat richtig, d. h. gesellschaftlich optimal sein.

Für das Gebiet außerhalb der Überschneidung bedarf der Plan der Ergänzung durch andere Überlegungen in Verbindung mit einem System von Mitteln der Durchführung. Die Unternehmungen mögen versucht sein, ihre Kosten mit gemeinschädlichen Mitteln zu senken, z. B. durch Verletzung berechtigter Interessen der Arbeiter oder durch Wahl der Produktionsmethoden ohne Rücksicht auf Umweltschädigung; sie mögen den Absatz durch unwahre Angaben über Produktqualität stimulieren; sie mögen langfristige Investitionen unterlassen, die gesellschaftlich erwünscht, aber kurzfristig nicht rentabel sind – der Katalog solcher Fälle ist ja aus der wirtschaftpolitischen Praxis wohl bekannt. Um hier den Vorrang des sozialen Nutzens zu sichern, hat der Staat ein wohlbestücktes Arsenal zur Verfügung: Er kann gemeinschädliche Maßnahmen verbieten; soweit ein Verbot von an sich unerwünschten Maßnahmen untunlich ist, weil sie mit Rücksicht auf andere gesellschaftliche Interessen nicht ganz ausgeschaltet werden können – das ist z. B. bei vielen Umweltschäden der Fall –, kann er sie besteuern und damit einen Anreiz zu ihrer Verringerung schaffen.[49] Er kann durch Investitionen aus Staatsmitteln die Wirtschaftsausdehnung in erwünschte Bahnen lenken oder für erwünschte, aber für die einzelnen Unternehmungen sonst nicht gewinnbringende Produktionen Subsidien zahlen oder als Auftraggeber oder Unternehmer auftreten (Verkehrswesen, Bildungswesen, Forschung).

Alle diese und andere Methoden, Wirtschaftslenkung in der Richtung auf den größten sozialen Nutzen mit Eigenbewegung der Wirtschaftseinheiten in Einklang zu bringen, werden heute in den westlichen Ländern diskutiert und zum großen Teil auch angewandt. In den Ländern des Sowjetblocks ist man noch nicht soweit, weil man sich immer noch zu sehr auf physische Mengenplanung und quantitative Produktionsquoten für die einzelnen Unternehmungen verläßt und deren Eigenbewegung in ihrer Bedeutung unterschätzt. In dem Maß aber, in dem man sich im Zug der Reformen von dieser Politik löst, muß eine Nutzwertrechnung in das kommunistische System sowohl in der Planung wie in der Kalkulation der einzelnen Unternehmungen eingegliedert werden, und damit werden auch die Techniken an Bedeutung gewinnen, die eine Diskrepanz zwischen Planzielen und den Interessen der einzelnen Unternehmungen ausschließen oder mindestens verhindern, daß diese sich auswirkt. Am relativ

---

49) Die wirksamsten Methoden, Umweltschäden zu verringern, können manchmal eher von den Unternehmungen selbst als von den Behörden gefunden werden. Es ist deshalb in den Vereinigten Staaten, wo das Problem noch mehr als anderswo die Sachverständigen und die Öffentlichkeit beschäftigt, vorgeschlagen worden, auf bestimmte umweltschädliche Auswirkungen von Produktionsvorgängen – z. B. auf die Ableitung von Abwässern mit schädlichen Chemikalien – eine Steuer zu legen. Im Englischen ist dafür der bezeichnende, aber unübersetzbare Ausdruck "to internalize social costs" in Gebrauch gekommen. Siehe Allen V. K n e e s e: Environmental Pollution, Economies and Policy, Papers and Proceedings, 83rd Annual Meeting, American Economic Association, American Economic Review, May 1971, S. 153 ff.

weitesten sind die Reformen — außer natürlich in Jugoslawien — in der DDR[50] und in Ungarn gediehen, am wenigsten weit wohl in Bulgarien und der Sowjetunion. Was die Reformen am meisten zu hindern scheint, ist die Sorge, daß sie eine Rückkehr zum Kapitalismus bedeuten könnten; in Wirklichkeit aber liegt es keineswegs in ihrem Wesen, das Privateigentum an den Produktionsmitteln wiederherzustellen. Wohl aber würde eine konsequente Durchführung der Reformen zu einer beschränkten Konvergenz der Wirtschaftssysteme führen, da die Kriterien des Wirtschaftserfolgs im wesentlichen die gleichen sein würden. Auch liegt im Grund schon in der Reformbewegung innerhalb der kommunistischen Länder die Anerkennung einer wichtigen Erkenntnis, auf welche die theoretische Entwicklung seit Jahrzehnten abgezielt hat: Die Grenzlinie zwischen Kapitalismus und Sozialismus ist nicht absolut scharf; daher ist ein allmählicher Übergang von einem zum anderen im Sinn des Reformismus und sind Mischformen, wie die Sozialdemokratie sie heute will, möglich und lebensfähig.

---

50) Auf der letzten Sitzung des Zentralkomitees der SED wurden die Reformen weitgehend gestoppt, so daß über den Stand und die Entwicklung der Reformen in der DDR z. Z. kaum etwas Verläßliches gesagt werden kann.

II. GEGENWART UND ZUKUNFT

1. EIN NEUES GESELLSCHAFTSPROGRAMM?

Trotz seiner inneren Widersprüche und seiner Verwundbarkeit für manche wirtschaftstheoretischen Argumente hat der Marxismus als philosophisch-ökonomische Grundlage vor dem Ersten Weltkrieg der Sozialdemokratie unschätzbare Dienste geleistet; nach dem Zweiten Weltkrieg war er als Grundlage eines Gesellschaftsprogramms unbrauchbar geworden. Der Hauptgrund ist der gehobene Lebensstandard. Wie früher betont, lag der politische Wert des Marxschen Ausbeutungsarguments nicht in seiner Funktion als Instrument ökonomischer Kausalanalyse, sondern in der Möglichkeit einer moralischen Interpretation. Ethisches Pathos ist glaubwürdig im Angesicht des Gegensatzes zwischen Hunger und Luxus, zwischen dem Elend überfüllter, ungesunder Wohnungen und dem protzigen Prunk von Palästen und weiträumigen Landhäusern; wenn aber der Unternehmer einen Mercedes und der Arbeiter einen Volkswagen fährt und dieser Unterschied für die Differenz ihrer Lebenshaltung symptomatisch ist, so erscheint der Kampf um höhere Löhne als ein Interessenkonflikt, in dem die Arbeiter zwar jedes Recht haben, nach weiterer Besserung zu streben, zu dem man aber kaum aus Gründen elementarer Menschlichkeit Stellung nehmen kann. Auch das marxistische Argument der historischen Notwendigkeit des Sozialismus hat seine Anziehungskraft verloren. Der Arbeiter fühlt sich in der Wirtschaft der Gegenwart nicht unwohl genug, um zu wünschen, daß sie sich von Grund auf ändere; das Risiko scheint zu groß. Auch haben Erfahrungen, vor allem in England und Frankreich, die Idee der Sozialisierung der Produktionsmittel ihres Zaubers beraubt: Zwar war die Verstaatlichung der Kohlengruben und anderer Werke in Westeuropa nicht, wie die Konservativen behaupteten, ein Mißerfolg — eine Zeitlang waren sogar zwei staatliche Automobilfirmen, das Volkswagenwerk und Renault, ziemlich an der Spitze der europäischen Kraftwagenindustrie —, aber noch weniger erwies sich die Verstaatlichung als Allheilmittel oder als die Erfüllung eines Traumes; sie ist offenbar ein manchmal zweckmäßiges, manchmal unzweckmäßiges Programm und sehr oft eines, dessen Verwirklichung die Praxis des täglichen Lebens ziemlich unverändert läßt. Schließlich hat sich deutlicher als zuvor gezeigt, daß der Anteil der Industriearbeiterschaft an der werktätigen Bevölkerung rückläufig ist; der Marxismus aber war auf die Industriearbeiterschaft zugeschnitten und hat niemals die gleiche Resonanz bei jenen Schichten gefunden, die jetzt zahlenmäßig so stark im Wachstum sind: Beamte, Angestellte, Laboranten und andere Hilfskräfte für technische Aufgaben, Ingenieure, Lehrer und andere Intellektuelle.

Es war daher eine Notwendigkeit für die Sozialdemokratie, jene marxistischen

Überbleibsel, die ihre politische Bedeutung verloren hatten, aus dem Weg zu räumen. Die deutsche Sozialdemokratie tat das durch das Godesberger Programm. Viel schwieriger aber war es, die Lücke auszufüllen, die das Veralten marxistischer Ideen und Formeln gelassen hatte. Zur Lösung dieser Aufgabe sind bis heute nur Ansätze vorhanden.

Der Marxismus hatte der Sozialdemokratie vor allem ein Wirtschaftsprogramm gegeben, dessen Kernpunkt die Vergesellschaftung der Produktionsmittel war; auch die wirtschaftlichen Reformen, die sie für die Gegenwart verlangte, erhielten durch den Ausblick auf dieses Endziel ihre besondere Bedeutung. Während die politischen und kulturellen Forderungen der Sozialdemokratie auch von anderen Parteien erhoben wurden, war der Glaube an das wirtschaftlich-soziale Endziel das Element, das der Sozialdemokratie ihre unverwischbare Identität gab; das blieb wahr, obwohl das Endziel von vornherein schattenhaft war und in der täglichen Arbeit immer mehr von den praktischen Forderungen aus dem Vordergrund gedrängt wurde. So erheben sich zwei große Fragen: Wie wichtig ist ein Gesellschafts- und besonders ein Wirtschaftsprogramm für die Sozialdemokratie? Kann sie in dem Aufgabenkreis, wie er sich ihr heute bietet, die Elemente eines solchen Programms finden, das den Platz auszufüllen vermag, den die Auflösung des Marxismus leer gelassen hat?

Daß mit der Hebung des Lebensstandards der Massen die Wirtschaftsfragen nicht mehr ganz ihren früheren Raum einnehmen können, daß ihnen gegenüber ganz besonders die kulturellen Fragen an Bedeutung gewinnen, ist nur natürlich. Schon in den 1920er Jahren, zwischen dem Ende der Inflation und dem Beginn der Depression, hat sich diese Tendenz angedeutet; besonders die jungen Mitglieder der Partei, die noch nicht mit der gleichen wirtschaftlichen Verantwortung belastet waren wie die Familienväter, zeigten großes Interesse an der Rolle der Partei in der kulturellen Entwicklung. Der Belgier Hendrik de Man, der auch in Deutschland und Frankreich sehr einflußreich war, wandte sich in seinem Buch "Zur Psychologie des Sozialismus"[51] gegen eine einseitige Betonung des Wirtschaftsprogramms, und der Erfolg seines Buches zeigte die Stärke dieser Tendenz. Trotz alledem aber hätte die Sozialdemokratie in der Periode zwischen den Kriegen kaum ihre Vitalität erhalten können ohne ein Wirtschaftsprogramm, das nur oder doch vorwiegend ihr zueigen war. Gilt das heute nicht mehr? Daß die Sozialdemokratie ihre Existenz auch ohne ein für sie charakteristisches Wirtschaftsprogramm fristen könnte, ist sehr wahrscheinlich: Die Außenpolitik, die Kulturpolitik und die Wirtschaftspolitik auf kurze und mittlere Sicht geben ihr viele Möglichkeiten, die anderen Parteien zum mindesten in der Entschiedenheit zu übertreffen, mit der sie ihre Forderungen vertritt, auch wenn diese Forderungen selbst nicht ihr ausschließliches Eigentum sind. Ihre Wähler werden daher immer noch guten Grund haben, einen sozialdemokratischen Stimmzettel abzugeben. Aber trotzdem wäre die Sozialdemokratie ohne ein ihr eigenes Wirtschafts- und Gesellschaftsprogramm mit grundsätzlicher Orientierung in ihrem inneren Wesen

---

51) Jena 1926.

nicht mehr die Art von Partei, die sie einmal war. Sie könnte die Gefühlskräfte nicht bis zu dem Grad an sich binden, wie das die Sozialdemokratie zu den Zeiten von Bebel, Jaurès und Keir Hardie[52] getan hat.

Wo kann man Elemente für ein neues, spezifisch sozialdemokratisches Wirtschafts- und Gesellschaftsprogramm finden? Nicht nur kann das alte Endziel keine Rolle mehr spielen, sondern auch viele Reformen, die das Erfurter, das Görlitzer und das Heidelberger Programm forderten, sind inzwischen erfüllt worden und müssen deshalb ausscheiden. Freilich wiederholt sich die Erfahrung, daß die Verwirklichung früherer Reformen neue Reformziele in den Gesichtskreis rückt, an die bis dahin nicht ernstlich gedacht wurde. Ein Beispiel ist das Postulat der Mitbestimmung der Arbeiter in den Betrieben, das in Deutschland erhoben wurde, sobald nach dem Krieg der Wiederaufbau der Wirtschaft einigen Spielraum für sozialpolitische Neuerungen geschaffen hatte, und das mit etwas anderer Betonung neuerdings auch in Frankreich eine Rolle spielt.

Die Mitbestimmung kann in zwei wichtigen Punkten für die Arbeiter Gutes schaffen. Die Arbeitervertreter in den Verwaltungsorganen der Unternehmungen werden allmählich einen bestinformierten Beraterstab für die Arbeiterorganisationen bilden, und sie können solche Geschäftsmaßnahmen verhindern oder mindestens behindern, die in klarer Weise den Arbeiterinteressen oder den öffentlichen Interessen widersprechen. Wollte man aber darüber hinaus den Arbeitervertretern den entscheidenden Einfluß auf die Geschäftspolitik verschaffen, so würde damit — selbst wenn sich die personellen Voraussetzungen für eine solche Übernahme der Unternehmerfunktionen schaffen ließen, was zum mindesten zweifelhaft ist — ein unauflösbarer Konflikt mit der Funktion der Gewerkschaften geschaffen: Diese Funktion besteht in der bewußt einseitigen Vertretung von Arbeitnehmerinteressen. Gewiß braucht diese Einseitigkeit nicht ins Extreme getrieben zu werden und soll es nicht; man kann sogar der Meinung sein, daß das Spiel von Druck und Gegendruck — kennzeichnend für das westliche Wirtschaftssystem (und in verkappter Form auch das des Sowjetblocks[53]) — der Mäßigung bedarf, wenn wichtige Gemeininteressen geschützt werden sollen; aber der Interessenkampf als das primär regulierende Prinzip des Wirtschaftssystems ließe sich nur ersetzen durch eine mit diktato-

52) Britischer Arbeiterführer (1856 - 1915); er gründete 1893 die Independent Labour Party. Diese brachte es zwar niemals zu einer großen Mitgliedschaft, bereitete aber durch Betonung des Gedankens unabhängiger politischer Aktion der Arbeiterklasse — im Gegensatz zu der Idee, die Arbeiterinteressen durch Unterstützung und Beeinflussung der Liberalen Partei zu wahren ("Lib-Lab policy") — den Boden für die Gründung der British Labour Party (1906) als der umfassenden politischen Vertretung der Arbeiter vor.

53) Vgl. hierzu besonders den Artikel von Gregory G r o s s m a n: The Solidary Society: A Philosophical Issue in Economic Reforms, in: Gregory G r o s s m a n (Hrsg.): Essays in Socialism and Planning, Englewood Cliffs 1970. In diesem Aufsatz legt der Verf. dar, daß bis vor kurzem, und in mancher Hinsicht noch heute, die offizielle Sowjet-Doktrin die Existenz antagonistischer Gruppeninteressen in der Sowjetwirtschaft leugnet, daß aber diese Gruppeninteressen schon lange existiert haben und miteinander kämpfen.

rischen Vollmachten ausgestattete Instanz, die mit Weisheit und Allwissenheit den Wirtschaftsablauf und die Verteilung des Sozialprodukts regelt — ein unrealisierbarer und, wenn er überhaupt verwirklicht werden könnte, unerträglicher Gedanke. Will man aber den Interessenkampf erhalten, so müssen die Sozialparteien in einigermaßen abgegrenzten Lagern bleiben. Wenn die überwiegende Verantwortung oder auch nur zu große Mitverantwortung für die Geschäftspolitik des Unternehmens auf Arbeitervertretern ruht, sind die Gewerkschaften nicht mehr frei, als Gegenspieler der Unternehmer aufzutreten. Das linksradikale Argument, daß die Mitbestimmung dazu führen werde, die Arbeiter in das "Establishment" einzugliedern und damit die Schärfe des Interessenkampfes abzustumpfen, enthält einen richtigen Kern, obwohl es in dieser Allgemeinheit nicht zutrifft. Wenn aber die Mitbestimmung auf das Maß beschränkt wird, das mit der Funktion des Gewerkschaftskampfes verträglich ist, so bleibt nicht genug davon übrig, um mehr als einen Bestandteil unter vielen für ein sozialdemokratisches Wirtschaftsprogramm zu liefern.

2. MEHR WIRTSCHAFTLICHE GLEICHHEIT ALS PROGRAMM?

Aber bietet nicht die große wirtschaftliche Ungleichheit, die noch immer in allen Ländern besteht, der Sozialdemokratie ein wichtiges Angriffsobjekt, und kann nicht immer noch ein Aufruf zum Kampf gegen diese Ungleichheit einem sozialdemokratischen Wirtschaftsprogramm viel Substanz geben? Wenn schon der wirtschaftliche Aufstieg der Massen in den Industrieländern die Einkommensunterschiede eines großen Teils ihrer Bedeutung beraubt hat, wie verhält es sich mit den noch viel größeren Unterschieden der Vermögen? Wäre nicht die Forderung nach einer gleichmäßigeren Vermögensverteilung, die sich nach einer weit verbreiteten Meinung durch Gewinnbeteiligung der Arbeiter herstellen ließe — wobei die akkumulierten Gewinnanteile ganz oder zum Teil in Aktien oder anderen Anteilsrechten anzulegen wären —, von hoher Gegenwartsbedeutung und überdies ganz in der sozialdemokratischen Tradition?

Es wird der Klarheit dienen, wenn die Antwort auf diese Frage vorweggenommen wird und die Begründung nachfolgt. Durch eine solche Politik läßt sich für die Arbeiter einiges erreichen. Will man aber die Sozialverhältnisse so grundlegend ändern, daß der einzelne seine Lage als entscheidend gebessert empfindet, so läßt sich das auf dem Weg über die Vermögensumverteilung unter modernen Verhältnissen nicht bewirken. Daraus ergeben sich die Grenzen der Rolle, die ein solcher Punkt in einem sozialdemokratischen Programm spielen kann.[54]

In einer modernen Industriegesellschaft drücken sich die Vermögensunterschiede nicht aus in dem Gegensatz zwischen Schloß und Hütte, zwischen Latifundium und bäuerlichem Landbesitz oder gar Halbpacht-Verhältnissen,

---

54) Vgl. dazu u. a. H.-D. O r t l i e b: Die Legende vom Volkskapitalismus, in: Hamburger Jahrbuch für Wirtschafts- und Gesellschaftspolitik, 7. Jahr (1962), S. 11 ff.

zwischen juwelenbesetzten Prunkgewändern und zerrissenen Lumpen. Der größte Teil der großen Vermögen besteht in Produktionsmitteln. Jede Veränderung der Eigentumsverhältnisse muß daher vor allem daraufhin geprüft werden, wie sie auf die Verwertung der Produktionsmittel wirkt, von deren Ertrag der Lebensstandard der Gesellschaftsmitglieder abhängt.[55]

Wie Theorie und praktische Erfahrung gezeigt haben, vermehrt Verstaatlichung die Wahrscheinlichkeit guter Verwaltung der Produktionsmittel höchstens in Ausnahmefällen. Das jugoslawische System, bei dem die Verwaltung der industriellen Produktionsmittel und praktisch, wenn auch nicht rechtlich, das Eigentum an ihnen den Arbeitern des einzelnen Betriebs zusteht, hat sich zwar im engeren Rahmen zeitweise sehr bewährt, doch ist seine Übertragbarkeit auf eine industrielle Großwirtschaft äußerst zweifelhaft. Die Enge der Grenzen, in denen diese eigentlichen Sozialisierungsvorschläge sich verwirklichen lassen oder heute einen guten Sinn geben, hat wahrscheinlich dazu beigetragen, die Idee einer individuellen oder kollektiven Vermögensbildung durch erleichterten Aktienerwerb der Arbeiter neu zu beleben.

Man könnte vielleicht fragen, ob nicht gegen Aktienbesitz von einzelnen Arbeitern das gleiche Argument spricht wie gegen einen extremen Grad der Mitbestimmung, daß nämlich die Fronten der Sozialpartner verunklart werden. In dem einen oder anderen Fall ist es gewiß denkbar, daß ein Arbeiter, der Aktien besitzt, gegen einen Streik Stellung nimmt, weil er den Wert seiner Aktien nicht gefährden will.

Im Regelfall aber ist die Lohnerhöhung, um die ein Streik geführt wird, von größerer quantitativer Bedeutung für ihn als der Ertrag seines Aktienbesitzes,

---

55) Für die Gedankenverwirrung, die vielfach bei den Befürwortern einer radikalen Vermögensumverteilung herrscht, ist folgende Äußerung des Bundeskongresses der Jungsozialisten vom Dezember 1969 kennzeichnend: "Durch die Wirtschaftsverfassung muß gewährleistet werden, daß Eigentum nicht die Verfügungsgewalt über dieses einschließt. Die Verfügungsgewalt über die Produktionsmittel muß durch gesellschaftlich kontrollierte Organe übernommen werden, die durch die im Unternehmen beschäftigten Lohnabhängigen beschickt werden (Mitbestimmung)", V o r s t a n d   d e r   S P D: Stellungnahme des SPD-Parteivorstands zu den Beschlüssen des Bundeskongresses der Jungsozialisten in München vom 5. - 7. 12. 1969, Bonn 1970, S. 23.
Eigentum bedeutet Verfügungsgewalt über Objekte. Dies ist sein einziger Inhalt; wird die Verfügungsgewalt aufgehoben, so ist das Eigentum beseitigt. Der Jungsozialisten-Kongreß hat an anderer Stelle anerkannt, daß in der unmittelbaren Gegenwart die Aufhebung des Privateigentums an den Produktionsmitteln unmöglich ist; also kann man auch die private Verfügungsgewalt nicht aufheben. Gewiß kann man sie einschränken, und sie ist im Gegenwartsstaat durch viele Gesetze und durch den Einfluß der Gewerkschaften eingeschränkt. (Die Resolution des Jungsozialisten-Kongresses könnte vielleicht, besonders wegen Bezugnahme auf Mitbestimmung, dahin gedeutet werden, daß nur Einschränkung, aber nicht Aufhebung der Verfügungsgewalt gemeint sei, wenn nicht die Worte, daß sie "durch gesellschaftlich kontrollierte Organe übernommen werden" sollen, eindeutig für die radikale Interpretation sprechen würden.) Bei Alleinbestimmung des Gebrauchs der Produktionsmittel durch gesellschaftliche Organe würde das private Eigentumsrecht nurmehr eine leere Hülle darstellen, von der nicht klar ist, warum sie auch nur zeitweise aufrechterhalten werden soll.

und der Arbeiter wird sich meistens auch dessen bewußt sein. Dazu kommen noch die emotionellen Elemente, die bei jedem Arbeitskampf mitspielen: Es ist höchst unwahrscheinlich, daß Arbeiter durch den Besitz einiger Aktien – und mehr kommt praktisch nicht in Frage – sich davon abhalten lassen, die Verwaltung des Unternehmens als sozialen Gegenspieler anzusehen, gegen dessen Macht man sich wehren müsse.

Natürlich braucht eine Vermehrung des Vermögensbesitzes der Arbeiter sich nicht notwendig in der Form des Aktienbesitzes zu vollziehen; man könnte auch etwa daran denken, daß die Unternehmungen einen Teil des Gewinns an Sparkonten der Arbeiter abführen oder ihnen Schuldverschreibungen aushändigen müßten. Aber hinter der Forderung nach Vermögensbildung der Arbeiter stehen – wenigstens auf der Linken – zwei Motive, die sich entweder nur oder doch am leichtesten durch Aktienbesitz befriedigen lassen: erstens der Gedanke, daß der Arbeiter über seinen Lohn hinaus einen Anteil am Profit haben soll, und zweitens der Wunsch, ihn auch an der Macht teilhaben zu lassen, die das Eigentum an Produktionsmitteln gewährt. In diesem Punkt stellt sich die Frage: Wieviel kann Vermögensbildung durch obligatorische Aktienzuteilung an Arbeiter (oder ähnliche Maßnahmen) für eine Änderung des Wirtschaftssystems bedeuten? Diese Frage ist entscheidend für die Rolle, die der Gedanke in einem sozialdemokratischen Parteiprogramm spielen könnte.

Es ist offenbar schwer, von der optischen Täuschung loszukommen, daß die Existenz großer Einkommen aus Kapitalgewinn bedeuten müsse, daß eine Verteilung dieser Einkommen an die kapitallose Mehrheit der Bevölkerung – sogar eine nur teilweise Verteilung – die Lage dieser Mehrheit grundlegend verbessern könne. Dabei sind die Zahlen eindeutig. In der Bundesrepublik ergibt eine Maximalschätzung der ausgeschütteten und nicht ausgeschütteten Gewinne der Erwerbsgesellschaften für 1968, einschließlich Rückstellungen (z. T. für Steuern), etwa 26 Milliarden DM.[56] Es gibt in der Bundesrepublik etwa 22 Millionen Arbeiter und Angestellte.[57] Die restlose Verteilung der Gewinne brächte also dem einzelnen Arbeiter ein zusätzliches Jahreseinkommen von etwa DM 1.200,–. Nun kann aber keine Rede davon sein, daß die ganzen 26 Milliarden verteilt werden könnten. ZumTeil enthalten sie Steuerleistungen für den Staat; zum anderen, sehr erheblichen Teil werden sie benötigt für Rationalisierung und Expansion der Produktionsanlagen. Es ist wahrscheinlich schon eine Überschätzung, wenn man annimmt, daß der Anteil des einzelnen Arbeiters DM 600,– betragen könnte. Freilich gibt es auch große Vermögen mit entsprechenden Erträgen in anderer Form als Aktien; aber es gibt auch Nicht-Arbeiter (Witwen, Waisen, Greise, Invalide), die bei

---

56) Siehe Statistisches Jahrbuch für die Bundesrepublik Deutschland, 1970, S. 177, 496, 130 (die letzte aus den Internationalen Übersichten).

57) Natürlich sind nicht alle diese Arbeiter bei Erwerbsgesellschaften beschäftigt. Aber wenn die Gewinne dieser Gesellschaften verteilt würden, so ließe es sich nicht rechtfertigen, die in Einzelunternehmungen beschäftigten Arbeiter auszuschließen.

einer Umverteilung die gleichen Ansprüche geltend machen könnten wie die Arbeiter und damit den Divisor vergrößern würden;[58] die Rechnung würde bei Berücksichtigung dieser Momente sicher nicht günstiger werden. Es kommt hier auf Genauigkeit der Rechnung nicht an. Die Zahlen zeigen jedenfalls, daß das erreichbare Zusatzeinkommen zwar für die einzelne Arbeiterfamilie eine Annehmlichkeit bedeuten würde, aber die Lage der Arbeiterschaft weniger ändern könnte als ein mit wachsender Produktivität zu erwartender weiterer Anstieg der Löhne. Hier liegt der entscheidende Punkt: Es ist zumindest unwahrscheinlich, daß sich für moderne Technologie und ihren Fortschritt eine andere, ebenso geeignete Geschäftsbasis finden läßt wie die Aktiengesellschaft. Diese kann ohne Gewinne nicht existieren. Auch eine relativ leichte Verlangsamung des Fortschritts der Produktivität würde die Arbeiter um mehr bringen, als sie durch Verteilung der Gesellschaftserträge erhalten könnten.

Damit kommt man zum zweiten Motiv der Forderung, daß die Arbeiter Anteilsrechte an Unternehmungen haben sollen — zum Argument der Macht, das einige komplizierte Überlegungen erfordert. Was überhaupt bedeutet Macht im modernen Wirtschaftsleben, und wie wird sie ausgeübt? Daß es möglich war, die Wirtschaft der unbeschränkten Konkurrenz, die in strengem Sinn niemals bestanden hat, als Freiheitsgarantie zu preisen, lag an der Tatsache, daß der unter solcher Konkurrenz stehende Unternehmer nur ausführendes Organ der Marktgesetze gewesen wäre. Er mußte den Preis verlangen, der die Grenzkosten gerade noch deckte, er mußte seine Produktion auf dem Umfang halten, der bei einem solchen Preis noch lohnend war, er mußte den tüchtigsten vor dem weniger tüchtigen Arbeiter einstellen, ohne rassischen oder politischen Vorurteilen irgendwelche Zugeständnisse zu machen[59], und er mußte an den Kauflustigen ohne Diskriminierung verkaufen — das alles bei Strafe des wirtschaftlichen Unterganges, weil ja die Konkurrenz keine große Profitspanne übrigließ, aus der die Kosten nicht-optimaler Führung des Unternehmens hätten gedeckt werden können. Auch der Generaldirektor einer modernen Aktiengesellschaft und seine unmittelbaren Untergebenen, die mit ihm die Gesellschaft führen, gehorchen in weitem Umfang den Gesetzen des Marktes; soweit sie das tun und tun müssen, haben sie keine Macht im Sinne willkürlichen Handelns, und das gleiche gilt von dem Aktionär, der mindestens das theoretische Recht hat, sie zu instruieren. Bis zu dieser Grenze würde sich an dem tatsächlichen Ablauf der wirtschaftlichen Vorgänge nichts ändern, wer

---

58) Nach den Grundsätzen sozialer Gerechtigkeit müßte man vielleicht auch manche Gruppen kleiner Selbständiger beteiligen, die zwar formell ihren eigenen "Profit" beziehen, deren Einkommen aber den normalen Arbeitslohn nicht übersteigt und sich von diesem durch größere Unsicherheit unvorteilhaft unterscheidet.

59) Einer der vielen Gründe, warum der Idealtyp der vollkommenen Konkurrenz nie bestanden haben kann, ist die Existenz einer Solidarität der Vorurteile. Der Unternehmer, der keinen Juden, keinen Neger, keinen Sozialdemokraten oder Kommunisten anstellt, gerät damit gegenüber der Konkurrenz nicht in Nachteil, wenn alle Unternehmen des gleichen Wirtschaftszweiges ebenso handeln. Es wird sich keine Periode finden lassen, in der es ein solches stilles "Kartell der Vorurteile" nicht gegeben hätte.

immer den Industriedirektoren aufgrund von Aktienbesitz Anweisungen erteilen könnte.

Nun geben aber die tatsächlichen Beschränkungen der Konkurrenz den Leitern der Industrieunternehmungen einen Spielraum, den sie unter unbeschränkter Konkurrenz nicht besitzen würden. Da aus der halbmonopolistischen Stellung Extragewinne fließen, können die Industrieführer es sich leisten, nach Zielen zu streben, die den Profit nicht auf ein Maximum bringen, und sie tun das auch. Nach ziemlich übereinstimmender Meinung aller Beobachter streben sie z. B. häufig nach Ausdehnung der Unternehmungen im Interesse ihres eigenen Prestiges und Einflusses, auch wo dies keineswegs die Profitrate erhöht. Sie können auch manche Rivalitäten austragen, die nicht notwendig ein Wettrennen nach dem größten Profit bedeuten, sondern vielmehr einen Wettbewerb um entscheidenden Einfluß in der Industrie. In diesem Umfang üben die Industrieführer tatsächlich Macht im Sinne von Willkür aus, nämlich im Sinne einer Option zwischen verschiedenen Möglichkeiten des Handelns. Da diese Entscheidungen in der einen oder anderen Art das Schicksal von Menschen berühren, kann man sie auch als Ausübung von Macht über Menschen betrachten. Aktienbesitz von Arbeitern könnte diesen zumindest die theoretische Möglichkeit geben, die Leiter der Unternehmungen entweder an solcher Machtausübung zu hindern oder diese in eine andere Richtung zu lenken.

Freilich sind die Grenzen, innerhalb deren Machtausübung dieser Art überhaupt möglich ist, nicht allzu weit. Der Industrieführer setzt die Existenz des Unternehmens, mit der im typischen Fall seine eigene wirtschaftliche Existenz verbunden ist, aufs Spiel, wenn er Verluste riskiert. Da der wirtschaftliche Erfolg jedes Unternehmens auf einer Reihe schwer vorhersehbarer Faktoren beruht, kann er nicht genau und mit Sicherheit berechnen, wieweit er sich von der Linie der Profitmaximierung entfernen darf, ohne ein zu großes Risiko einzugehen. Er hat also ein starkes Motiv, mit der Opferung von Profitchancen vorsichtig zu sein. Jene Ziele, die mit der Profitmaximierung konkurrieren, werden sein Handeln beeinflussen, aber der Einfluß bleibt begrenzt. Dies aber heißt, daß in weitem Umfang die Industrieleiter das tun, was der Markt vorschreibt, und nicht Willkür ausüben.

Man kann aber den Begriff der Macht auch in einem weiteren Sinn auffassen. Der Kapitän eines Schiffes kann sich seiner "Macht" freuen, auch wenn ihm der Kurs vorgeschrieben ist und ihm seine übrigen Instruktionen und die Gesetze der Nautik keinen großen Spielraum für willkürliche Entscheidungen lassen. Am Steuer des Kraftwagens erleben wir oft ein Machtgefühl, obwohl der Zwang der Verhältnisse uns das Ziel vorschreiben mag und Verkehrsvorschriften und Verkehrsdichte weitgehend unsere Entscheidungen bestimmen. Mit anderen Worten, subjektiv erleben wir Macht oft auch dann, wenn unsere Rolle nur darin besteht, Notwendigkeiten oder Sachzwänge zu interpretieren. In diesem Sinn ist ein Wirtschaftsleiter mächtig, auch wenn er nur die Indikationen des Marktes interpretiert.

Dazu kommt noch etwas anderes: Auch wenn im Großen der Industrieleiter von den Indikationen, die der Markt gibt, nur begrenzt abweichen kann – und der Großaktionär, der ihn etwa instruiert, ihn von weiterer Abweichung ohnehin zurückhalten würde –, so hat er doch im Kleinen eine erhebliche Möglichkeit zur Ausübung persönlicher Macht, auch im Sinn von Willkür, vorausgesetzt, daß er daran nicht durch Gegenmacht von außen gehindert wird. Der einzelne Arbeiter und im weiten Umfang auch der einzelne Angestellte bedeutet wenig für den Erfolg des modernen Großunternehmens; zumindest wenn keine große Knappheit an Arbeitskräften besteht, kann die Geschäftsleitung es sich leisten, den einzelnen, der sich aus persönlichen Gründen unbeliebt gemacht hat, zu entlassen oder ihm das Leben zu erschweren. Natürlich ist es wahrscheinlicher, daß eine solche Diskriminierung von dem Werkmeister oder Vorarbeiter ausgeht als vom Generaldirektor, der ja mangels persönlicher Kontakte mit dem einzelnen Arbeiter oder Angestellten meist gar nicht in der Lage ist, persönliche Animositäten zu entwickeln; aber jede solche Diskriminierung erfordert die Sanktion der Geschäftsleitung in der einen oder anderen Form. Wenn Arbeiter als Aktionäre eine Kontrolle über die Geschäftsleitung ausüben könnten, so ließe sich vorstellen, daß sie dieser Art der Machtausübung einen Zaum anlegen würden.

Aber die moderne Entwicklung des Arbeitsrechts und des kollektiven Arbeitsvertrags hat ohnehin starke Sicherungen gegen derartige Willkür geschaffen. Der Unternehmer, Werkstattleiter oder Bürochef, der eine persönliche oder politische Animosität an einem Arbeiter oder Angestellten auslassen würde oder der sich etwa herausnehmen würde, eine Arbeiterin durch Drohung mit Entlassung seinen sexuellen Wünschen gefügig zu machen, käme in der Regel mit der Gewerkschaft oder mit dem Gesetz oder mit beiden in Konflikt. Diese Sicherungen sind im einzelnen gewiß der Verbesserung bedürftig, und wie in allen menschlichen Verhältnissen mag ein mit großem Raffinement ausgeübter Wille im Ausnahmefall die besten Sicherungen umgehen. Jedenfalls aber ist der Schutz durch Gesetz und Kollektivvertrag zuverlässiger und wirkt viel prompter als irgendeine Sicherung, die sich durch Aktienbesitz der Arbeiter schaffen ließe.

Wie steht es überhaupt mit dem Einfluß des Aktionärs? Schon vor dem Ersten Weltkrieg begann es klar zu werden, daß die tatsächliche Geschäftspolitik vielmehr von der Verwaltung als von den Aktionären bestimmt wird und daß diese in der Praxis meist auch keine allzu große Möglichkeit der Kontrolle besitzen. Seitdem hat sich durch die wachsende technische und organisatorische Komplizierung der Leitungsfunktionen diese Tendenz noch gewaltig verstärkt. John Kenneth Galbraith hat in seinem Buch "Die moderne Industriegesellschaft" den Übergang der Macht an die "Technostruktur" sehr eindrucksvoll geschildert; er versteht darunter die Techniker der Produktion, der Geschäftsverwaltung und des Verkaufs, soweit sie an Entscheidungen mitwirken und diese nicht nur ausführen.[60] Im einzelnen mag seine Darstellung – besonders

---

60) Fußnote nächste Seite

soweit sie die Abnahme des Einflusses auch der Großaktionäre betrifft – übertrieben sein, aber doch nur in dem Sinn, daß sie einen Zustand vorwegnimmt, auf den die Tendenz ganz offenbar gerichtet ist, auch wenn er noch nicht ganz der Wirklichkeit entspricht.

Diese Tatsache allein würde jeden Versuch, dem einzelnen Arbeiter durch Vermögensbesitz in der Form von Aktien einen nennenswerten Anteil an wirtschaftlicher Macht zu verschaffen, hinfällig machen. Der ganze Vorschlag könnte unter dem Gesichtspunkt der Machtverteilung überhaupt nur dann einigen Sinn haben, wenn man ihn in der Form verwirklichen würde, an die man wohl bei dem Schlagwort von der überbetrieblichen Gewinnbeteiligung gedacht hat: daß nämlich ein zentrales Organ der Arbeiterbewegung durch Aktienbesitz oder in anderer Weise einen Teil der Industriegewinne akkumulieren würde; der Ertrag dieses Vermögens könnte dann teils zur weiteren Akkumulation, teils zur Auszahlung an die Arbeiter verwendet werden, und das verwaltende Organ würde, wiederum durch Aktienbesitz oder durch ein ähnliches Arrangement, einen Einfluß auf die Geschäftsführung nehmen. Durch solche Konzentration könnte die Machtlosigkeit des Einzelaktionärs wenigstens zu einem nicht ganz unerheblichen Grad überwunden werden, zumal das verwaltende Organ mindestens einen Teil der Sachkunde erwerben könnte, die der "Technostruktur" ihren entscheidenden Einfluß gibt.

Wenn man überbetriebliche Gewinnbeteiligung so versteht, so kommt sie im Effekt der Mitbestimmung nahe. Sie hat im wesentlichen die gleichen Vorteile und Begrenzungen. Sie würde zur Heranbildung eines Stabes wirtschaftlich geschulter Arbeitervertreter führen, die auch in der Lage wären, offensichtlich gemeinschädliche oder arbeiterfeindliche Entscheidungen der Betriebsleitungen zu erschweren oder zu verhindern. Auf der anderen Seite würde sie die Fronten im Sozialkampf verunklaren. Vor allem aber würde sich herausstellen, daß auch das Zentralorgan der Arbeiterbewegung in der großen Mehrzahl der Fälle seinen Einfluß nicht dem entgegenstellen könnte, was der Markt verlangt und was – mit einigen Ausnahmen – die Unternehmensleitung auch sonst tun würde.

Ob die gegenseitige Kontrolle zweier Instanzen – Unternehmensleitung und Arbeiterorgan – zu einer richtigeren Interpretation der Marktindikationen führen und damit zum Wirtschaftserfolg beitragen würde oder ob eine größere Wahrscheinlichkeit dafür spräche, daß durch langwierige Verhandlungen zwischen beiden Organen die Ausnutzung von technischen und Marktmöglichkeiten gehemmt würde, läßt sich nicht von vornherein entscheiden. Auch kann

---

60) Unter "Technostruktur" versteht Galbraith eine viel größere Gruppe als das eigentliche Management: Technostruktur "reicht von der Führungsspitze des Unternehmens bis hinunter zu den Meistern, Vorarbeitern und Arbeitern, deren Aufgabe darin besteht, mehr oder weniger mechanisch die ergangenen Weisungen auszuführen und ihre Routinearbeit zu tun. Es gehören alle dazu, die zur Entscheidungsfindung durch die Gruppe spezielles Wissen, besondere Talente und Erfahrungen beitragen." – John Kenneth G a l b r a i t h: Die moderne Industriegesellschaft, München und Zürich 1968, S. 73.

man vor Ausarbeitung von Einzelheiten nicht sicher wissen, ob das Verhältnis des Arbeiterorgans zur Masse der Arbeiter sich befriedigend gestalten ließe.[61]

Wenn geeignete Formen gefunden werden, kann gesetzlich vorgeschriebene Gewinnbeteiligung der Arbeiter mit Investition der akkumulierten Gewinne in Aktien einen Fortschritt bedeuten; aber weder der Wirtschaftsablauf noch die soziale Schichtung würde dadurch fundamental geändert, und deshalb kann der Gedanke einer Umverteilung des Aktienvermögens oder eine ähnliche Politik in einem sozialdemokratischen Programm den Platz nicht ausfüllen, den das alte Endziel in der Vergangenheit eingenommen hat.

Nicht nur die Überschätzung der Rolle des Aktionärs, sondern die hohe Einschätzung des Vermögens überhaupt ist zum großen Teil eine unkritische Übertragung von Erfahrungen des 19. Jahrhunderts auf die Gegenwart. Gewiß ist es auch heute sehr angenehm, ein wohlgefülltes Aktien-Portefeuille, ein erhebliches Bankkonto oder großen Grundbesitz zu haben, aber die soziale Aristokratie der heutigen Gesellschaft besteht zum geringsten Teil aus Eigentümern von Großvermögen und zum weitaus größeren Teil aus Leistungsaristokraten: hochbezahlten Technikern der Organisation, der Produktion, des Verkaufs, der Wissenschaft und einflußreichen Technikern des Militärwesens und der öffentlichen Verwaltung, aber auch aus Filmstars, erfolgreichen Künstlern, Schauspielern, Ärzten und Autoren. Die Gesellschaft von heute setzt hohe Prämien in Geld, Einfluß oder Prestige, und oft in allen dreien, auf marktgängige Leistung, wobei der Markt manchmal durch Einzelkonsumenten und manchmal durch öffentliche Körperschaften mit ihrer Nachfrage nach Diensten dargestellt wird. Nach aller Erfahrung sind solche Prämien notwendig, um hohe Leistungen im Interesse aller zu erzielen; zwar ist Freude an guter eigener Leistung dem Normalmenschen nicht fremd, aber sie wirkt nicht stark

---

61) Eine Akkumulation der Arbeiteranteile am Gewinn in den Händen eines Kollektivorgans wäre auch die einzige Möglichkeit, die Gewinnanteile quantitativ einigermaßen bedeutsam zu machen. Wird der Gewinn dem einzelnen Arbeiter ausgezahlt, so bedeutet er nur einen bescheidenen Zuschuß zum Arbeitseinkommen, und es ist unwahrscheinlich, daß ein großer Teil davon dem Konsum vorenthalten und zur weiteren Vermögensbildung verwendet wird. Sperrt man das aus Gewinnanteilen entstehende Guthaben für eine Reihe von Jahren, so kann zwar ein nicht unerheblicher Betrag entstehen, aber ein großer Teil davon wird in vielen Fällen nach Ablauf der Sperrfrist abgehoben und in Konsum-Dauergütern angelegt werden; wenn die Gewinnbeteiligung ein Mittel sein soll, dem einzelnen Arbeiter größere Befriedigung zu gewähren, so darf man die Sperrfrist nicht zu lange ausdehnen, da sonst der Arbeiter aufhört, seine Verfügungsgewalt über das Guthaben ernst zu nehmen. All dies gilt natürlich ebenso, wenn man die Gewinnanteile nicht in ein Guthaben einzahlt, sondern wiederum in Aktien investieren läßt, für die dann auch für einige Jahre eine Verkaufssperrfrist festgesetzt werden müßte. Fließen dagegen die Anteile einem Kollektivorgan ohne Verfügungsgewalt des einzelnen Arbeiters zu, so kann ein dauernd wachsender Vermögensstock entstehen; man könnte sich vorstellen, daß es auf diese Weise schließlich zur Sozialisierung der ganzen Industrie kommt. Es fällt aber schwer, zu glauben, daß die Arbeiter — von einem kleinen Teil mit besonders lebendigem Klassengefühl abgesehen — durch eine solche Verwaltung des Industrievermögens durch ein Kollektivorgan, das als ein Instrument der Arbeiterschaft deklariert ist, mehr Befriedigung erlangen würden als durch die Verstaatlichung, die ihnen auf die Dauer sehr wenig Genugtuung gewährt hat.

und nachhaltig genug, um allein die Versuchung zur Nachlässigkeit und zur Vermeidung von Anstrengung zu überwinden.[62] Gewiß, in manchen Fällen erweisen sich Macht und Prestige wirksamer als höheres Einkommen, z. B. in dem alten preußischen Offizierskorps oder vielfach in der kommunistischen Bürokratie; aber diese Beispiele zeigen schon, daß Prämiierung durch Prestige oder Macht für das Prinzip der Gleichheit in der Regel viel gefährlicher ist als Prämiierung durch Einkommen.

All dies beweist nicht, daß die Prämien, wie sie heute bestehen, die beste oder eine unabänderliche Lösung darstellen. Ohne Zweifel könnte die Gesellschaft manche Leistungen billiger bekommen. Die Ersparnisse, die sich durch Verringerung übermäßig hoher Gehälter in der Privatwirtschaft machen ließen, rechtfertigen freilich nicht, daß sich der Staat der kaum lösbaren Aufgabe unterzieht, die Gehälter direkt zu regeln; aber durch die progressive Einkommensteuer hat er ein gutes Mittel an der Hand, die Überhöhungen abzuschneiden. Die weitere Ausgestaltung dieser Steuer, besonders die Verstopfung der Fluchtwege, auf denen heute die Bezieher großer Einkommen sich oft den hohen Steuersätzen entziehen, ist eine dringende – und für die Sozialdemokratie lohnende – Aufgabe.

Gegen die Marktgängigkeit als Bemessungsgrundlage für Einkommen sind oft auch grundsätzliche Einwendungen erhoben worden; sie führt nicht selten zu moralisch unbefriedigenden Ergebnissen. Eine Prostituierte mag mehr verdienen als ein guter Arzt; wer einen populären Schlager ohne tieferen Sinn hinschreibt, kann einen großen finanziellen Erfolg haben, während ein wirklicher Dichter sich mit Mühe durchschlägt. Diese Mißverhältnisse entstehen, weil viele Konsumenten nicht das wollen, was sie nach der Meinung einer sensitiveren oder ästhetisch gebildeten Minorität wollen sollten; das drückt sich darin aus, daß ein großer Teil des Publikums bereit ist, für Schund mehr zu zahlen als für eine Leistung, der die intellektuelle Oberschicht höheren Wert zubilligt. Kann man aber dieser Oberschicht, was immer sich für ihr Urteil sagen läßt, gestatten, ihr eigenes Werturteil gegenüber dem ihrer Mitmenschen zur Geltung zu bringen? Offenbar wäre eine solche Diktatur der Gebildeten unerträglich;

---

62) Daß dies ernstlich bestritten wird, zeigt vielleicht am besten, wie zeitgemäß und notwendig Ortliebs Forderung nach einem "realistischen Menschenbild" ist (Heinz-Dietrich O r t l i e b: Die verantwortungslose Gesellschaft, München 1971, S. 14 ff.). Offenbar fällt es vielen Zeitgenossen schwer, die alte Wahrheit einzusehen, daß die Menschen weder ganz gut noch ganz schlecht sind. Wenn sie beobachten, daß Menschen sich oft an der eigenen guten Leistung freuen und im allgemeinen keineswegs am glücklichsten sind, wenn sie nichts zu tun brauchen, machen diese Beobachter einen Sprung zu der Folgerung, daß man die nötigen Leistungen ganz ohne Prämien erzielen könne. Dazu trägt auch der Irrtum bei, daß unsere Gesellschaft einen Grad der Produktivität erreicht habe, der Leistungsstreben unwichtig mache. Auch hier besteht oft die falsche Vorstellung eines Entweder-Oder: Unsere Gesellschaft ist produktiv genug, daß allen ihren Gliedern – auch den Leistungsunfähigen und in engeren Grenzen sogar den Leistungsunwilligen – ein Minimum der Existenz gewährleistet werden könnte und sollte; aber die Gesellschaft kann ihre Aufgaben nicht lösen, wenn nicht die Mehrzahl der Menschen nach guter Leistung strebt und sich bemüht, zu bester Leistung fähig zu werden.

sie würde überdies schon daran scheitern, daß nur in den gröbsten Fällen die Oberschicht in sich einig darüber wäre, was Gerechtigkeit oder guter Geschmack erfordert. Mit allen seinen Fehlern ist der Test der Marktgängigkeit der einzige, der sich mit Souveränität der Konsumenten und deshalb mit Demokratie verträgt. In begrenztem Maß kann und soll der Staat das Ergebnis korrigieren, indem er z. B. den mit neuen Ausdrucksformen experimentierenden Künstler wirtschaftlich über Wasser hält, obwohl diese Experimente keineswegs überwiegend Beifall finden; aber der Staat darf sich nicht zum Diktator des guten Geschmacks machen.[63]

Diese Überlegungen haben uns von dem Thema der Vermögensbildung der Arbeiter weggeführt; das Thema ist aber noch nicht erschöpft. Auch wenn eine Umverteilung der Vermögen in dem Rahmen, in dem sie möglich ist, den Arbeitern weder ein großes Zusatzeinkommen noch ein bedeutendes Stück Wirtschaftsmacht geben kann, so bleibt doch noch etwas Wichtiges übrig: Der Arbeiter, der Vermögen in irgendeiner Form besitzt, auch wenn es nicht mehr als etwa einen Halbjahres-Verdienst ausmacht, ist gegenüber Wechselfällen des Lebens viel besser geschützt als der Vermögenslose[64]. Wie gut auch immer die gesellschaftlichen Sicherungen — Sozialversicherung, Wohlfahrtspflege, Schutz vor willkürlichen Entlassungen — funktionieren mögen, sie lassen doch soziale Gefahren übrig, und der Arbeiter, der von der Hand in den Mund lebt, kann in Not geraten; um die Not zu mildern, ist er dann oft gezwungen, um die Gunst oder Hilfe anderer zu betteln und sich zu erniedrigen. Vermögensbildung bedeutet also einen Schutz der menschlichen Persönlichkeit und ihrer Würde, und sie verdient deshalb einen Platz in einem sozialdemokratischen Programm, obwohl sie keinen Ersatz für das alte Endziel bieten kann.

Dies gilt für die Forderung größerer wirtschaftlicher Gleichheit überhaupt. In

63) Die hier angeführten Beispiele illustrieren die Selbstverständlichkeit, daß die Mehrheitsentscheidung nicht immer "richtig" ist. Das Argument für das Mehrheitsprinzip ist nicht die leicht widerlegbare Behauptung moralischer oder intellektueller Überlegenheit der Mehrheit, sondern — abgesehen von der Nützlichkeitserwägung, daß Mehrheitsentscheidungen leichter durchzusetzen sind — die Möglichkeit, daß Menschen durch Erfahrungen lernen können und daß daher üble Folgen einer falschen Mehrheitsentscheidung der Minderheit eine Chance geben, zur Mehrheit zu werden. Diese Rechtfertigung, so wichtig sie für das praktische Leben ist, löst aber nicht den Gewissenskonflikt des einzelnen, der sich einer Mehrheitsentscheidung gegenübersieht, die er für unmoralisch hält. Hier ist nicht der Ort, dieses große Problem in seinen Verzweigungen zu untersuchen, doch ist zweierlei klar: Erstens ist es für eine Demokratie lebensnotwendig, daß sich in ihr einzelne finden, die auch gegenüber Mehrheitsentscheidungen an ihrer moralischen Überzeugung festhalten. Zweitens ist es ein Maßstab für den Kulturgrad einer demokratischen Gesellschaft, wie leicht sie es — im Rahmen des Möglichen — einer Minderheit macht, ihrer moralischen oder ästhetischen Überzeugung zu folgen.

64) Der Parteitag der Sozialdemokratischen Partei Deutschlands vom Mai 1970 hat die Bundesregierung aufgefordert, "durch eine Kombination verschiedener Maßnahmenbündel" als Mindestziel danach zu streben, "in einem Zehn-Jahres-Zeitraum die Bildung eines Privatvermögens in der Größenordnung eines durchschnittlichen Arbeitnehmer-Jahreseinkommens zu ermöglichen."

den Ländern des Westens[65] ist sicherlich noch Raum für Verminderung der wirtschaftlichen Ungleichheit, und es entspricht der Tradition der Sozialdemokratie, sich dafür einzusetzen. Wenn sich die Grenzen des Raumes, den die neuere Entwicklung für eine solche Zielsetzung übriggelassen hat, als enger erwiesen haben, als sie in manchen früheren Geschichtsperioden waren, so bedeutet das nicht, daß größere wirtschaftliche Gleichheit nicht ein Ziel der Sozialdemokratie sein kann; es heißt nur, daß dieses Ziel keine fundamentale Wirtschaftsreform bedeuten wird, wie sie einmal die alte Sozialisierungsforderung zu bedeuten schien.

3. MACHT UND "PARTIZIPATORISCHE DEMOKRATIE"

Im Zusammenhang mit der Frage der Vermögensverteilung war es notwendig, einen besonderen Aspekt des Problems gesellschaftlicher Macht zu erörtern. Das Problem hat aber allgemeinere Bedeutung, gerade auch für die Sozialdemokratie; obwohl es nicht möglich ist, in diesem Zusammenhang alle seine Seiten zu beleuchten, so muß doch noch mehr darüber gesagt werden.

Die Kontrolle der Macht ist eine ewige Aufgabe freiheitlich denkender Menschen. Die Geschichte der modernen Demokratie ist die Geschichte der Entwicklung von Mitteln, um politische Macht unter Kontrolle zu halten; die Geschichte der Sozialpolitik, der Gewerkschaften, der Monopolgesetzgebung und anderer Wirtschaftsgesetze — anders ausgedrückt: des Inhalts sozialistischer Reformprogramme — beschreibt die Herausbildung von Mitteln, die wirtschaftliche Macht zu kontrollieren. Da politische Macht für wirtschaftliche Zwecke und wirtschaftliche Macht für politische Zwecke verwendet werden kann, überschneiden sich beide Entwicklungen — sie sind beinahe zwei Seiten der gleichen Sache. Der Kampf um die Kontrolle der Macht hat viele Erfolge erzielt, aber er geht nie zu Ende, weil das Streben nach Macht über Mitmenschen nicht aufhört und weil Macht sich nicht ausrotten läßt: Keine komplizierte Gesellschaft kann ohne Führung bestehen, und Führung bedeutet immer Macht. Je weniger Einschränkung die Autorität der Führung verträgt, um so schwieriger ist die Kontrolle; klassische Beispiele sind die Macht des militärischen Vorgesetzten über den Soldaten und des Gefangenenwärters über den Gefangenen. Unter den Versuchen, die Macht von einzelnen oder von Gruppen zu vermehren und zu sichern, ist das Streben von Machtinhabern besonders gefährlich, die zur Kontrolle geschaffenen Instanzen unter ihren Einfluß zu bringen. Dieses Streben äußert sich im Kleinen und im Großen, von Bestechung der Polizei durch Verbrechercliquen bis zum Versuch von Industrien, die sie überwachenden Behörden mit ihren eigenen Kreaturen zu besetzen; eine

---

65) Hier ist nur von den Ländern des Westens die Rede, nicht weil etwa das Problem der wirtschaftlichen Gleichheit in den kommunistischen Staaten nicht bestünde, sondern weil die Verhältnisse dort zu undurchsichtig und auch in den einzelnen Ländern zu verschieden sind, um eine fruchtbare Erörterung in diesem beschränkten Rahmen möglich zu machen. Im ganzen ist das Problem wirtschaftlicher Ungleichheit innerhalb des Sowjetblocks von dem Problem der Ungleichheit politischer Macht überschattet.

Analogie dazu stellt das Bestreben wirtschaftlicher Interessenten dar, durch Geldspenden an Parteikassen oder durch Erwerb von Zeitungen und anderen Medien auf Parlamente und öffentliche Meinung Einfluß zu gewinnen.

Die wissenschaftliche Analyse des Machtphänomens und eine realistische Gesellschaftspolitik zur Kontrolle der Macht sind erschwert durch die Teufelslegenden, welche die Vulgärsoziologie[66] und die Propaganda linksextremistischer Gruppen um die Macht in modernen Industriegesellschaften gewoben haben und die es schwer machen, in dem Wust des Falschen die Wirklichkeit zu erkennen. In den Industriestaaten des späten 20. Jahrhunderts gibt es zwar eine Führungsschicht, aber keine "herrschende Klasse", weil dieser Schicht die Einheit der Interessen fehlt; daher könnte sie auch dann nicht herrschen, wenn die Kontrolle durch Vertreter der Massen weniger wirksam wäre, als sie trotz der Hemmungen und nicht ganz seltener Verfälschungen des demokratischen Prozesses in Wirklichkeit ist. Gewiß haben die Unternehmer in ihrer Mehrheit ein gemeinsames Interesse daran, Löhne nicht zu sehr steigen zu lassen und Steuern niedrig zu halten. Nicht einmal in dieser Hinsicht ist freilich das Interesse auch nur der Industrieunternehmer ganz einheitlich, da etwa die von Staatsaufträgen stark abhängigen Industrien viel mehr an hohen öffentlichen Ausgaben als an niedrigen Steuern interessiert sind; weder das Interesse der militärischen Elite noch das vieler politischer Führer verlangt in erster Linie niedrige Steuern und Löhne. In jeder anderen Hinsicht ist schon die Unternehmerschaft – von anderen Teilen der gesellschaftlichen Führungsschicht gar nicht zu reden – durch Interessenkonflikte aller Art tief gespalten. Da gibt es Anhänger der Geldwertstabilität um jeden Preis und potentielle

---

66) Auch sehr verdienstvolle Soziologen haben irreführende Konzepte geschaffen, z. B. C. Wright Mills das der "Macht-Elite" (siehe C. Wright M i l l s: The Power Elite, New York 1959). Aus der Tatsache, daß in den Vereinigten Staaten – und das gleiche ließe sich natürlich von anderen Industrieländern sagen – die Wirtschaftsführer und die militärischen und politischen Führer zum größeren Teil aus den oberen Schichten des Bürgertums stammen, folgert er die Existenz einer Hierarchie, die das Leben der Nation dominiert. Aber eine Hierarchie kann das Leben der Nation nur dann beherrschen, wenn sie in sich einheitliche Interessen und daher im wesentlichen einen einheitlichen Willen hat. Mills übersieht nicht die Existenz von Interessenkonflikten innerhalb der Elite, aber er unterschätzt gewaltig ihre Bedeutung.
Der Grund, warum auch Denker von großen Leistungen zu der Verwirrung beigetragen haben, liegt an einem Phänomen, das gerade auch die äußerste Linke kritisiert hat, obwohl sie unbewußt davon profitiert: an der weit und oft zu weit getriebenen Spezialisierung in den Sozialwissenschaften. Ein Denker, der mit dem Handwerkszeug seiner eigenen Disziplin die Herkunft und Bildungsgrundlagen der führenden Schichten in verschiedenen Funktionen untersucht und dabei bemerkenswerte Resultate erzielt, ist nicht notwendig ein Sachverständiger in der Frage der politischen Auswirkungen der festgestellten Tatsachen. Wenn er über den Bereich seines Spezialwissens hinausgeht – und die Versuchung dazu ist sehr groß, weil oft die Ergebnisse in einem Teilbereich nur dann ihre wirkliche Bedeutung zeigen, wenn sie in einen weiteren Zusammenhang gestellt werden –, so läßt er leicht seinen vorgefaßten Meinungen freien Lauf und gleitet damit in die Sphäre schlagworthafter Propaganda ab. Den unerwünschten Folgen der Spezialisierung in den Sozialwissenschaften durch Schaffung integrierender Faktoren entgegenzuwirken ist eine für die Wissenschaft wie für die ganze Gesellschaft sehr wichtige Aufgabe; sie ist auch sehr schwierig, weil Spezialisierung ja nicht einfach entbehrt werden kann.

Inflationsgewinnler, Interessenten an Rüstungsaufträgen und solche, die an zivilen Bauaufträgen interessiert sind und mit jenen um die öffentlichen Gelder konkurrieren; es gibt neuerdings neben Industrien, die sich gegen Maßnahmen zum Umweltschutz wehren, in wachsender Zahl andere, die sich hohe Gewinne versprechen aus der Herstellung von Wasser- und Luftreinigungsapparaten, von elektrischen Bahnen, durch die der Kraftwagenverkehr ersetzt werden soll, oder von Nuklearkraftwerken, welche die luftverschmutzenden Anlagen auf Kohle- und Ölgrundlage ersetzen sollen; es gibt Wirtschaftszweige, die vom Export leben, während andere den Schutz des Inlandsmarktes verlangen. Natürlich sind solche Interessenkonflikte nichts Neues, aber im 19. Jahrhundert waren sie überschattet durch Gemeinsamkeiten – vor allem durch den Wunsch, die als revolutionär gefürchtete Arbeiterschaft niederzuhalten, und durch die damit zum großen Teil verschmolzene nationalistische Ideologie. Heute ist die Arbeiterschaft für die meisten Unternehmer weit mehr die geschätzte Konsumentenschicht als eine feindliche Armee; was in der linksextremistischen Phraseologie als der Wunsch der Führungsschicht nach "Repression" eine Rolle spielt, ist im wesentlichen der Wille zur Aufrechterhaltung der öffentlichen Ordnung – ein Wille, der gewiß manchmal übersteigert ist oder sich in den Mitteln vergreift, der aber jedenfalls von der Masse der Arbeiter geteilt wird.

Das Reden über Klassenmacht stellt also zum größten Teil eine unzulässige Übertragung von Begriffen des 19. Jahrhunderts auf die Gegenwart dar; das ändert aber nichts daran, daß die Bändigung gesellschaftlicher Macht zu den Grundbedingungen einer freien Gesellschaft gehört. Sie ist auch deshalb nicht weniger wichtig, wohl aber schwieriger, weil es sich heute oft nicht um den Schutz der Mehrheit gegen eine privilegierte Minderheit, sondern um den Schutz einer Minderheit gegen die Mehrheit handelt. Und wenn auch die Gedanken über ein Zusammenwachsen wirtschaftlicher und politischer Macht die Wirklichkeit von heute weniger getreu darstellen, als ihre Urheber glauben, so bedarf es doch ständiger Wachsamkeit, um den Staatswillen von der Infiltration von Interessen freizuhalten, deren Einfluß vom Staat kontrolliert und eingedämmt werden muß. Selbstverständlich ist es im besonderen eine Aufgabe der Sozialdemokratie und muß ein Teil ihres Programms sein, dafür zu sorgen, daß wirtschaftliche und andere Sonderinteressen nicht den politischen Prozeß entstellen. Die zentralen Instanzen, vor allem demokratisch gewählte Volksvertretungen, die zur Bändigung gesellschaftlicher Macht geschaffen waren, haben für die menschliche Freiheit Großes geleistet, aber sie waren doch nicht hundertprozentig erfolgreich. Dies hat schon frühzeitig dazu geführt, die Kontrolle aufzuspalten: Man hat sich nicht damit begnügt, den Regierten als Gesamtkollektiv bei Wahlen zur nationalen Volksvertretung oder zu den Parlamenten großer Gebietskörperschaften die letzte Entscheidungsgewalt zuzusprechen, sondern hat auch auf Teilgebieten den Personen, denen gegenüber die Macht des Staates ausgeübt wurde, Rechte der Kontrolle und der Initiative übertragen. Für manche Formen hat sich in den Vereinigten Staaten der Ausdruck "Participatory Democracy" eingebürgert; in Deutschland spricht man in ungefähr gleichem Sinn von "Demokratisierung der Institutionen", ein viel weniger bezeichnender Ausdruck.

Sogar der absolutistische Staat, der die dezentralisierte feudale Ordnung ablöste, hat sich schließlich genötigt gesehen, den lokalen Körperschaften wichtige Selbstverwaltungsrechte zurückzugeben. Innerhalb der Gemeinden hat man in den meisten, wenn nicht in allen Ländern Ausschüsse — etwa Schuldeputationen — gebildet, in denen auch Bürger mitarbeiten, die nicht nur zur zentralen Gemeindevertretung (Stadtrat) gehören. In der Wirtschaft wurde die staatliche Überwachung und das Gegengewicht, das die Gewerkschaften gegenüber den Unternehmern darstellen, durch die Schaffung von Betriebsräten ergänzt. All dies ist gewachsen aus der Erkenntnis, daß Macht auch durch demokratische Willensbildung an zentraler Stelle ihre Gefahren nicht ganz verliert und daß man sie deshalb, soweit es möglich ist, verteilen soll, funktional — durch die berühmte Gewaltenteilung in Exekutive, Legislative und Judikatur —, regional oder nach besonderen Interessengebieten. Zum Teil kontrollieren sich dann die einzelnen Machtgruppen gegenseitig, zum Teil entstehen kleinere Einheiten der Machtausübung, die für den einzelnen Bürger besser überschaubar sind und in denen daher Selbstregierung, d. h. die Identität der Machtausübenden mit den von der Macht Betroffenen, sich wirksamer gestalten läßt als in den zentralen Institutionen. Es besteht kaum ein Grund, anzunehmen, daß sich neue Aufspaltungen nicht als möglich und heilsam erweisen.

Aber die Bedingungen der modernen Gesellschaft verlangen in großem Umfang Konzentration der Kräfte, die durch zuviel Aufspaltung unmöglich würde; der moderne Mensch kann sein Leben nur zum geringen Teil sich in kleinen Einheiten abspielen lassen. Viele Aufgaben der Produktion, der Verwaltung, der Wirtschaftspolitik, der Rechtsentwicklung und der Gestaltung internationaler Beziehungen lassen sich nur zentral lösen und erfordern in weitem Umfang Großkörperschaften mit einheitlicher Machthandhabung.[67] Ganz abgesehen von der technischen Notwendigkeit großer Einheiten und konzentrierter Leitung ist es auch ein Irrtum, zu glauben, daß ohne Zentralgewalt die persönliche Freiheit besser oder überhaupt gesichert werden könnte. Selbst die elterliche Gewalt kann mißbraucht werden, und deshalb muß der Staat die Macht haben, in die Selbstbestimmung der Familie zum Schutz der kindlichen Persönlichkeit einzugreifen. Die Verflechtung der Interessen innerhalb eines lokal oder funktional abgegrenzten Bezirks bietet besondere Möglichkeiten des Gesinnungsterrors wie der Korruption. Der Leiter einer gemeindlich verwalteten

---

67) Nicht nur Gruppen-Selbstregierung, sondern auch Kontrolle der zentralen Instanzen durch Gruppenrechte kann so weit getrieben werden, daß sie notwendige Aktionen der Zentrale lähmt. Man kann das an der neueren Entwicklung in den Vereinigten Staaten studieren, wo aus historischen Gründen — trotz des Fehlens einer speziellen Verwaltungsgerichtsbarkeit — die richterliche Kontrolle der Verwaltung sehr weit geht. Die von einzelnen Gruppen gegen die Verwaltung angestrengten Klagen dienen zwar manchmal berechtigten Interessen, etwa dem Umweltschutz oder dem Schutz von Wohlfahrtsempfängern gegen Übergriffe der Bürokratie, oft — und wahrscheinlich öfter — aber hindern sie notwendige Maßnahmen der Stadtsanierung und der rassischen Integration von Schulen.

Schule, der sich durch die Vorurteile der Bürger gestützt weiß, kann jedem Lehrer mit unorthodoxen Ansichten das Leben zur Hölle machen; ein Genossenschaftsvorstand oder ein Gewerkschaftsführer, der mit einer festgefügten Clique die Mitgliederversammlungen beherrscht, kann oft mit der Minderheit nach Belieben verfahren, wenn nicht eine übergeordnete Gewalt zum Schutz der Bedrohten eingreift. Es ist natürlich nicht so, daß die Inhaber zentraler Macht notwendigerweise mehr Respekt für individuelle Freiheit hätten als Machthaber im kleinen Kreis; aber in der großen Gemeinschaft sind Ideen und Interessen differenzierter, und da sie in den zentralen Kontrollorganen der Macht – Parlamenten, Obergerichten – zum Ausdruck kommen, kann sich die Führung nicht so einseitig orientieren wie in kleinen Einheiten; sie muß nach Regeln handeln, die auf eine Vielfalt von Einheiten mit ihren verschiedenen Einstellungen angewendet werden können und unter denen jene zum Schutz der Minderheit besonders wichtig sind. Überdies schafft die weiter gespannte Aufgabe oft auch einen weiteren Gesichtskreis. Die richtige Teilung der Macht zwischen Zentrale und Sektoren ist ein ewiges Problem des Gesellschaftslebens; es läßt sich nicht beiseite schieben, indem man sich schlechthin für die kleine Einheit entscheidet.

Diese Grundsätze muß man sich vor Augen halten, wenn man die richtige Stellung zu den Forderungen nach Abbau zentraler gesellschaftlicher Macht gewinnen will, die heute an allen Ecken und Enden erhoben werden. Es ist besonders wichtig für die Sozialdemokratie, sich darüber klarzuwerden, was an diesen Forderungen lebensfördernd und was schädlich und freiheitsbedrohend ist. In der Bundesrepublik haben sozialdemokratische Erziehungsminister den Erlaß von Universitätsgesetzen durchgesetzt, in denen Studentenvertretern in allen akademischen Körperschaften Sitz und Stimme eingeräumt wurde. Damit wurde die Frage nach den Leistungsmöglichkeiten und Grenzen von Participatory Democracy in einem besonders wichtigen und schwierigen Fall aufgeworfen.

Unabhängig von der Verteilung von Rechten an einzelne Gruppen innerhalb der Universität bedeutet die Existenz einer weitgehend autonomen Hochschule an sich schon ein Beispiel der Aufspaltung öffentlicher Macht: Der Staat verzichtet darauf, alle Einzelheiten des institutionellen Lebens durch direkte Vorschriften zu regeln, und überläßt viele von ihnen der Selbstverwaltung der Institution zur Entscheidung. Innerhalb der Selbstverwaltung hatten sich Herrschaftsverhältnisse zuungunsten jüngerer Lehrkräfte und zum Teil auch der Studenten herausgebildet. Daraus hat man den Schluß gezogen, daß diese Gruppen durch Staatsgesetz Rechte erhalten müßten, die sie in den Stand setzen würden, ihre Interessen selbst zu schützen. Der Gedanke war richtig; nur sind seine Grenzen verkannt worden.

Jede bewußt geschaffene Institution, von einem Postamt, einem Polizeirevier, einem Ministerium bis zur Universität, hat eine bestimmte Funktion oder ein Bündel von Funktionen. Die Hauptfunktion der Universität ist die Erweiterung und Verbreitung des Wissens. Lehre und Forschung verlangen eine besondere Qualifikation, die sich nur durch lange und intensive Vorbereitung erwerben läßt, eine scharfe Auslese bei der Zulassung zu Lehr- und Forschungsstellen und bei der Beförderung zu leitenden Positionen und eine Organisation der Arbeit unter der Verantwortung derer, die in besonders hohem Maße die erforderlichen Qualifikationen besitzen. Es besteht daher ein Konflikt zwischen den Erfordernissen der Funktion der Universität und den berechtigten Schutzinteressen der jüngeren Lehrkräfte und der Studenten. Der Professor oder das Kollektiv von Professoren muß genügend Macht über die Institution haben, um die Verantwortung für die Leitung tragen zu können; damit entsteht die Gefahr, daß sie die Macht mißbrauchen, und in Deutschland wie anderswo ist diese Macht oft mißbraucht worden. Der Konflikt besteht nicht in jedem einzelnen Fall: Manchmal kann sogar eine Abschwächung professoraler Rechte den Interessen von Lehre und Forschung dienen. Aber viel spricht dafür, daß vom Standpunkt der Funktionserfüllung im großen und ganzen eine autokratische Leitung zu besseren Ergebnissen führt, während sie menschlich unerwünschte oder sogar unerträgliche Folgen haben kann.

So wenig wie viele andere läßt sich dieser Konflikt völlig auflösen; doch läßt sich hier ein erträglicher Kompromiß leichter finden als in vielen anderen Fällen. Zunächst war es notwendig, die Übersteigerung der Hierarchie innerhalb des Lehrkörpers abzubauen: Der Privatdozent, assistent professor, professeur agrégé, mag dem Ordinarius an Erfahrung unterlegen sein, aber der Unterschied in der Kompetenz ist im typischen Fall bei weitem nicht groß genug, um die starke Abstufung der Rechte zu begründen, wie sie lange Zeit an deutschen und manchen anderen Universitäten bestanden hat. Dieses Problem ist durch die deutschen Universitätsgesetze im ganzen befriedigend gelöst worden — oder richtiger: Die Lösung wäre befriedigend, wenn nicht die Verschlechterung des geistigen Klimas, über die nachher zu reden ist, sie weitgehend verdorben hätte.

Ein vernünftiger Kompromiß zwischen den Erfordernissen der institutionellen Funktion und den Schutzinteressen der Studenten mußte diesen ein Recht der Mitentscheidung in Fragen der Studien- und Prüfungsordnung geben. Gewiß kann der Student nicht soviel von dem notwendigen Ineinandergreifen der einzelnen Fächer und von der Prüfungstechnik verstehen wie ein akademischer Lehrer; dafür erkennt er manche Probleme besser, weil er die Nachteile und Vorteile einer Regelung am eigenen Leibe spürt. Es war also im Prinzip richtig, daß die Universitätsgesetze die Studenten in diesen Dingen an den Entscheidungen beteiligten.

Völlig falsch aber war es, den Studenten ein Recht der Mitentscheidung auch in den übrigen Universitätsangelegenheiten, vor allem in der Ergänzung des Lehrkörpers und in der Festsetzung von Forschungszielen, zu geben. Gewiß haben die Studenten ein starkes Interesse an der Entscheidung, wer lehren soll; sie müssen daher auch in diesen Angelegenheiten gehört werden, aber es ist verfehlt, sie mitentscheiden zu lassen. Ganz abgesehen von notwendigen Kenntnissen und Erfahrungen, die sie gar nicht besitzen können, dauert ihre

Verbindung mit der Universität während eines vierjährigen oder selbst fünfjährigen Studiums nicht lange genug, um ihnen die Verbundenheit und Identifikation mit der Institution zu geben, die für diese fundamentalen Entscheidungen notwendig ist.

Aber die Universitätsgesetze mit ihrem verfehlten oder zumindest überspannten Konzept der Participatory Democracy hätten kaum sehr viel Unheil angerichtet, wenn nicht im aktivsten Teil der Studentenschaft ein neuer Radikalismus entstanden wäre, dessen Intoleranz in einem bemerkenswerten Gegensatz zu der Primitivität eines großen Teils seiner intellektuellen Grundlagen steht. Da der Einfluß dieser neuen Linken für die Sozialdemokratie auch in anderer Hinsicht von Bedeutung ist, muß der Charakter dieser Bewegung weiter unten in einem besonderen Abschnitt behandelt werden. Hier ist vor allem wichtig, daß der Dogmatismus der meisten Studentenvertreter im Regelfall gedeihliche Arbeit unmöglich macht, zumal sich vielfach jüngere Lehrkräfte – und gelegentlich auch ältere, die "mit der Jugend gehen" wollen oder von der Idee der Participatory Democracy selbst zu stark beeindruckt sind – sich mit ihnen solidarisieren. Die Zurückdämmung des radikalen Dogmatismus war und ist auch dort oft unmöglich, wo die reinen Mehrheitsverhältnisse in den Körperschaften der akademischen Selbstverwaltung dies vielleicht gestatten würden, da akademische Lehrer, die ja nicht nach den Erfordernissen des politischen Kampfes ausgewählt sind, selten die Fähigkeiten, die Nerven oder die Neigung besitzen, mit einer Kombination von Geduld und Energie an der Durchbrechung des Dogmenwalles zu arbeiten. In der Arena des politischen Kampfes muß man sich darauf verlassen, daß auch grundfalsche Entscheidungen, die eine übel beratene Mehrheit herbeiführt, schließlich durch Selbstbesinnung oder Änderung der Mehrheitsverhältnisse korrigiert werden. Auf dem Felde der Politik ist dies leichter möglich, da in praktisch allen Ländern zwischen den großen Parteien – zumindest soweit sie für eine Mehrheitsbildung in Frage kommen – ein Konsens über elementare Grundsätze besteht, der allzu große Ausschreitungen des Fanatismus erschwert. Aber wenn es sich um solche Teilbereiche des gesellschaftlichen Lebens handelt, in denen ein politischer Kampf, wenn er mit Schärfe geführt wird, zerstörend wirken muß – und dazu gehören die Universitäten –, dann kann man sich mit einer solchen Tendenz zur Selbstberichtigung nicht vertrösten. Wenn gar, wie es heute der Fall ist, ein Teil der Hochschulgemeinschaft sich bewußt außerhalb jedes Konsenses stellt, so kann es sich die Gesellschaft nicht leisten, die Verteilung von Rechten innerhalb der Hochschule ausschließlich nach allgemeinen Prinzipien vorzunehmen, ohne Rücksicht darauf, was die Empfänger dieser Rechte mit ihnen anfangen werden. Auch wenn das Prinzip der Participatory Democracy innerhalb weiterer Grenzen berechtigter wäre, als dies tatsächlich der Fall ist, hätte seine Anwendung auf die Universitäten in so weitem Ausmaß unter den nun einmal gegebenen Umständen zu verhängnisvollen Folgen führen müssen. Im Grundsatz, wenn auch nicht im Grad des Unheils, handelt es sich hier um die gleiche Lage wie in den frühen dreißiger Jahren gegenüber den Nazis: Was immer gegen Einschränkung demokratischer Rechte zu sagen ist, keine Partei oder Gruppe, die selbst ihren Gegnern die demokratischen Rechte verweigert, kann sie für sich in Anspruch nehmen.

Warum haben sozialdemokratische Erziehungsminister in Deutschland — das Material über die Entwicklung in anderen Ländern ist noch nicht gesammelt — vielfach an diesen Gefahren vorbeigesehen? Warum hat die Partei sie walten lassen? Die Mitglieder und Wähler der Sozialdemokratie sind in ihrer Mehrzahl in kulturellen Fragen eher konservativ; das gleiche gilt mindestens von einem Teil der politischen Führer. Mitglieder und Führer sind äußerst interessiert an der Zugänglichkeit aller Bildungseinrichtungen, da sich deren gesellschaftspolitische Bedeutung aufdrängt; im übrigen aber ist das Interesse an Kulturfragen oft überschattet von rein politischen oder wirtschaftlichen Erwägungen. Deshalb wohl blieb die Universitätspolitik überwiegend Intellektuellen überlassen, die vielleicht in allgemein politischen Fragen gar nicht weiter links standen als die Parteimehrheit, aber auf dem Gebiet, das sie als ihr eigenes betrachteten, besonders experimentierfreudig waren. Der Wunsch, viel zu ändern, wurde verstärkt durch die Wahrnehmung der wirklichen Mißstände im Universitätsleben und wohl auch durch den Gegensatz zu dem übersteigerten Traditionalismus, den die Mehrzahl der Christdemokraten und ein großer Teil der Bürokratie vertrat.

Dabei spielt ein Faktor mit, den man mit einiger Überspitzung so ausdrücken kann: Die Schwäche der Demokratie in der Weimarer Republik kam von der Stärke ihrer Gegner, die Schwäche der Demokratie in der Bundesrepublik kommt von der Schwäche ihrer Gegner. Da die extreme Rechte und die extreme Linke in der allgemeinen Politik gleich unbedeutend sind, haben die Politiker der beiden großen Parteien wenig Anlaß, einen Ideenkampf gegen sie zu führen.[68] Es gibt in der Bundesrepublik heute nichts, was der heißen Debatte mit den Antidemokraten auf der Rechten — unter denen es neben unwissenden Demagogen immerhin auch z. B. die Intellektuellen des "Tat"-Kreises gab — in den späten zwanziger und frühen dreißiger Jahren irgendwie gleichkäme, und ebensowenig eine Analogie zu dem Meinungsstreit zwischen Sozialdemokraten und Kommunisten, der zu Beginn der Weimarer Periode besonders heftig war, aber sich durch die ganze Periode hindurchzog. Die Marxisten,

---

68) Sie haben auch wenig Anlaß, politisch zu kooperieren. Warum ist eine große Koalition zwischen Christlichen Demokraten und Sozialdemokraten in der Bundesrepublik so viel schwerer herzustellen, als es die Koalition zwischen Sozialdemokraten und Zentrum in der Weimarer Periode war? Offenbar weil für eine Frontstellung der Mitte gegen die Extreme von rechts und links zuwenig Anlaß besteht. Hätte die NPD sich als eine Dauererscheinung von Bedeutung erwiesen und gelänge es der DKP, ein politischer Faktor zu werden, so würde sich die Weimarer Koalition wahrscheinlich wiederholen. Das Fehlen der Gefahren von den Extremen her beseitigt aber nur den äußeren Anlaß für einen Block der Mitte; für die innere Stärke der deutschen Demokratie wäre es gut, wenn der Konsensus innerhalb der Mitte durch eine Frontstellung gegen gemeinsame Feinde tiefer im Bewußtsein verankert würde. Eine große Koalition aus bloßem praktischen Bedürfnis oder zur Bewältigung vorübergehender Notlagen ist kein Ersatz; die große Koalition unter Kiesinger hat ja auch nichts zum Bewußtwerden des Konsensus beigetragen — eher hat sie das Gegenteil bewirkt.

wie Ernst Bloch oder Herbert Marcuse, mit denen eine geistige Auseinandersetzung lohnt, stellen politisch nichts dar; die Debatte mit ihnen bleibt deshalb ihren Fachgenossen überlassen und ist überdies auch auf dieser Ebene nicht so lebhaft, wie sie es verdienen würde. Bis die Bewegung der Neuen Linken ihren Höhepunkt erreichte, gab es für die sozialdemokratischen Intellektuellen als ernsthaften Gegner nur den banausenhaften Traditionalismus, der sich gerade auch an den Universitäten festgesetzt zu haben schien; als die Welle von ganz links so hoch gestiegen war, daß sie offensichtlich als Gefahr ernst genommen werden mußte, hatte man sich schon auf eine Politik festgelegt, von der nur schwer wegzukommen ist. Wahrscheinlich wird trotzdem die Politik revidiert werden: Die Bändigung der akademischen Extremisten durch Konzessionen ist offenbar gescheitert, und auch im Inneren der Sozialdemokratie stößt eine Gesetzgebung, die der Wirkung, wenn auch keineswegs der Absicht nach auf eine Institutionalisierung des extremistischen Einflusses hinausläuft, auf wachsende Widerstände; außerdem setzt sie die Partei taktischen Nachteilen aus. Es täte der Partei aber gut, wenn der Kampf gegen den studentischen Extremismus nicht nur als politische Abwehr, sondern auch mehr als bisher als geistige Auseinandersetzung geführt würde.

Daß die Anwendung von Participatory Democracy auf die Universitäten sich zum größten Teil als ein Fehler erwiesen hat, bedeutet natürlich nicht, daß aus diesem Prinzip für ein sozialdemokratisches Gesellschaftsprogramm überhaupt nichts herauszuholen ist. Wohl aber setzt die gesellschaftliche Funktion der **Institutionen mit ihren Anforderungen an die Kompetenz der Entscheidenden und die Effizienz des Entscheidungsprozesses** der Fruchtbarkeit der Idee der Participatory Democracy enge Grenzen. Ein weitreichendes Programm der Gesellschaftspolitik läßt sich aus diesem Prinzip nicht ableiten. Daß die deutsche Universitätsreform an manchen Orten zu einer schweren Beeinträchtigung der akademischen Freiheit geführt hat, enthält eine Mahnung und Lehre: Die Illusion, als diene beliebige Aufspaltung der Macht immer der menschlichen Freiheit, kann, wenn sie zu entsprechenden Handlungen führt, das Gegenteil des Erstrebten bewirken.

Das Problem der Universitätsverfassung ist natürlich nur ein Teil des Bildungsproblems, mit dem heute alle Länder konfrontiert sind. Seine Bedeutung läßt sich kaum überschätzen, gerade weil die moderne Gesellschaft eine Leistungsgesellschaft bleiben muß und die Leistung höherer Art mit dem aus ihr fließenden Einkommen, viel mehr als Vermögen, die Grundlage von Prestige und Einfluß bleiben wird. Es kann hier nicht die Aufgabe sein, die Unzahl der Programme und Einzelideen zur Schulreform und die ihnen zugrunde liegenden Richtungen der Erziehungsphilosophie daraufhin zu prüfen, was davon sich als Material einer sozialdemokratischen Bildungspolitik eignet. Nur einige besonders wichtige Punkte können hervorgehoben werden:

1. Die alte Forderung nach Gleichheit der Bildungschancen, d. h. nach der Zugänglichkeit der höheren Schule und der Hochschule ohne Rücksicht auf die soziale Lage der Eltern, ist wichtiger als je, aber ihre Verwirklichung ist nicht

schon dadurch gesichert, daß man die Studiengelder abschafft oder ausreichend Stipendien gibt. Gegenwärtig ist der Besuch einer Universität, zumindest einer guten, in den Vereinigten Staaten für den Studenten wesentlich teurer als in der Bundesrepublik. Trotzdem scheint es, daß auch jetzt noch der Prozentsatz von Studenten, die aus der wirtschaftlichen Unterschicht kommen, in Amerika höher als in der Bundesrepublik[69] ist. Man kann vermuten, daß hier zusätzlich zu verbleibenden wirtschaftlichen Faktoren, wie Zwang zu frühem Verdienst oder der Wunsch danach, auch sozial-psychologische Elemente mit im Spiel sind – Hemmungen, aus der eigenen Schicht herauszutreten. Die soziologische Forschung wird hier der Politik wichtiges Material liefern müssen.

2. Die Forderungen nach einer Gesamtschule, d. h. nach Zusammenfassung von mehr praktisch und mehr wissenschaftlich orientierten Bildungsrichtungen in einem einzigen Schultyp, ist ein guter Programmpunkt. Man darf aber nicht überschätzen, was durch die organisatorisch-administrative Zusammenfassung verschiedener Schultypen erreicht werden kann. Da die Unterschiede der Begabung und Interessenrichtung sich nicht beseitigen lassen, wird es immer notwendig sein, den begabten oder mehr theoretisch interessierten Jugendlichen Gelegenheit zu geben, in den wissenschaftlichen Fächern schneller voranzukommen als die weniger begabten oder mehr praktisch interessierten Schüler. In dem deutschen Konzept der Gesamtschule ist die Begabtenförderung ja auch ausdrücklich vorgesehen. Interessanterweise macht sich in den Vereinigten Staaten, wo die Gesamtschule schon lange besteht, unter reformfreundlichen Pädagogen und auch in weiteren Kreisen eine Opposition gegen besondere Unterrichtsveranstaltungen für die mehr leistungsfähigen oder mehr interessierten Schüler geltend. Diese Opposition ist erwachsen aus einer Reihe richtiger Erkenntnisse: aus der Überlegung, daß die Absonderung der Begabten das intellektuelle Klima in den übrigen Klassen herunterdrücken kann, so daß die Schüler dieser Klassen in der Entwicklung ihrer Leistungsfähigkeit zurückgehalten werden; aus der Sorge, daß der Wunsch, zum Begabtenunterricht zugelassen zu werden, eine Übersteigerung des Wettbewerbsgeistes unter den Schülern erzeugen könnte; und vielleicht am meisten aus der

---

69) Wie fast alle internationalen Vergleiche ist auch dieser mit großen Unsicherheitsmomenten belastet. Zunächst sind die Studentenzahlen an den amerikanischen Universitäten in den letzten Jahren dadurch angestiegen, daß die Einschreibung an eine Hochschule die Zurückstellung vom Wehrdienst zur Folge hatte; die Wirkung dieses Faktors hört erst jetzt auf. Zweitens gab es bis 1970 für die weitaus meisten Akademiker keine Gefahr der Arbeitslosigkeit, was bei Handarbeitern, auch bei gelernten, keineswegs zutraf. Drittens wird das Bild verunklart durch die amerikanische Einrichtung der Junior Colleges, die keine Gebühren erheben und – neben Berufsausbildung verschiedenster Art – auch Gelegenheit bieten, die ersten zwei Jahre eines akademischen Studiums zu absolvieren. Viertens finden die intensiven und mit starken finanziellen Erleichterungen verbundenen Bemühungen amerikanischer Universitäten, Neger und junge Leute aus spanisch sprechenden Familien zum Hochschulbesuch zu veranlassen, natürlich keine Analogie in der Bundesrepublik. Fünftens gibt es in den Vereinigten Staaten viel mehr Werkstudententum: Der studentische Arbeitsnachweis ist besser organisiert, und die Idee, sich das Studium durch gleichzeitige Erwerbsarbeit zu verdienen, stößt auf weniger Hemmungen als in Europa. Daher sind auch erhebliche Studiengebühren ein geringeres Hindernis.

Abneigung gegen die Schaffung einer Elite unter den Schülern, zumal die als Kriterium notwendigen Schulleistungen keineswegs unabhängig vom häuslichen Milieu sind und damit wenigstens in Ansätzen eine Klassenscheidung, welche die Einheitsschule nach ihrer Grundidee überwinden sollte, sich wiederherstellen würde. Wenn die Gesamtschule in der Bundesrepublik erst weiter verbreitet ist, wird das Problem der Begabtenförderung sicher auch in Deutschland schärfer gesehen werden; auch jetzt zeigen sich die Bedenken ja schon in Anfängen, z. B. bei den Jungsozialisten in "Skepsis gegen die Leistungskonkurrenz" (siehe "Materialien zur Kommunalpolitischen Konferenz, 17. - 18. April 1971", hrsg. vom Bundesvorstand der Jungsozialisten, III - 88). In der Tat kann Bildungsdespotismus ebenso grausam wirken wie andere Formen der Unterdrückung. Aber auch berechtigte Bedenken gegen die Begabtenförderung ändern nichts an ihrer Notwendigkeit. Die Nachteile lassen sich jedoch stark mindern, und hier erwächst der Sozialdemokratie — als einer Partei, die sich in besonderem Maß den Forderungen der Humanität verpflichtet fühlt — eine Reihe bedeutender Aufgaben. Was man verhindern muß, ist das Entstehen von unübersteigbaren Schranken zwischen den wissenschaftlichen und praktischen Studiengängen und damit von Schulklassen, die sich selbst als Sammelstelle der Unbegabten deklarieren. Das bedeutet: nicht zuviel Absonderung der Hochbegabten, ein Mindestmaß wissenschaftlichen Unterrichts für jeden Schüler, viele Brücken zwischen den Lehrgängen, so daß der langsamer sich entwickelnde Schüler immer noch Gelegenheit findet, in eine wissenschaftlich anspruchsvollere Laufbahn überzugehen. Die Gesamtschule ist gerade deshalb erstrebenswert, weil sie diese Dinge erleichtert; sie garantiert aber nicht ihre Verwirklichung, und wer versucht, diese Probleme mit Schlagworten abzutun, wird ihrer Lösung nicht näherkommen.

3. Die Sozialdemokratie hat sich immer für eine Humanisierung des Schulbetriebs eingesetzt und damit für die Idee, daß es Aufgabe der Schule ist, die jugendliche Persönlichkeit nicht zu vergewaltigen, sondern ihr zur Entfaltung zu verhelfen — mit anderen Worten, für das Erbe der Schulreformer von Pestalozzi bis Wyneken und A. S. Neill. Diese Idee ist heute bei weitem nicht vollständig verwirklicht, sie wird es wahrscheinlich nie ganz sein, weil menschliche Unzulänglichkeit und Starrheit des administrativen Apparats immer wieder Fehlhandlungen produzieren werden, so daß es sich um eine ewige Aufgabe handelt, die besonders der Sozialdemokratie gestellt ist. Aber auch bei diesem Problem muß man sich vor zuviel Vereinfachung hüten. Raum für Persönlichkeitsentfaltung geben heißt nicht, keine Schranken setzen; die Schule hilft den Jugendlichen nicht, wenn sie sie für eine Gesellschaft erzieht, die es weder gibt noch geben wird. Die Gesellschaft, in der die Jugendlichen werden leben müssen, ist eine Leistungsgesellschaft, weil wir Leistung brauchen, ist eine Gesellschaft mit Härten, weil es von Peking bis Moskau, von Paris bis San Franzisko keine Gesellschaftsform gibt, die es dem Individuum immer leicht macht, und sogar mit Ungerechtigkeiten, wie sie auch die weiseste und energischste Sozialreform und das beste Rechtssystem übrigläßt. Eine zu "weiche" Schule, die den Jugendlichen nicht lehrt, Leistungsproben zu bestehen, Härten und Ungerechtigkeiten zu ertragen — natürlich nicht

ohne den Willen, sie zu ändern –, versündigt sich an ihm ebenso wie eine
Schule alten Stils, die durch Unterdrückung der Schülerpersönlichkeit und
durch Indifferenz gegen seine Neigungen, Gefühle und Interessen seine Entwicklung zu einem freien Menschen unmöglich macht. Die Idee, man könne
die Gesellschaft revolutionieren oder auch nur verbessern, indem man sich
weigert, Menschen zu erziehen, die in der bestehenden, mangelhaften Gesellschaft leben können, ist ein schwerer Irrtum; man macht nur die Menschen
unglücklich.

Die Sozialdemokratie ist nach ihrem Charakter und nach ihrer Tradition in besonderem Maß berufen, einer Pädagogik, die den Jugendlichen zur möglichst
vollen Entfaltung seiner Persönlichkeit in der Gesellschaft führen will, den
politischen Rückhalt zu geben: Als eine dem Humanitätsideal besonders ver-
pflichtete Partei muß sie die Schutzwürdigkeit der jugendlichen Persönlichkeit
anerkennen; als eine Partei von Menschen, die sich mit den Härten des Lebens
im Lauf einer langen Entwicklung unter großen Opfern auseinandersetzen
mußten, besitzt sie starke Gegengewichte gegen Illusionen. Das sind gute Voraussetzungen; wieviel die Sozialdemokratie daraus machen wird, hängt natürlich zum großen Teil von der Qualität ihrer Führung ab.

Eine andere bildungspolitische Aufgabe wird der Sozialdemokratie durch ihr
Wesen und ihre Geschichte ebenso nahegelegt. Daß die Schule neben der
reinen Bildungsfunktion auch eine Auslesefunktion hat, d. h. Schüler, die nach
Anlage- oder Interessenrichtung für einen bestimmten Bildungsgang ungeeignet
sind, aus diesem ausscheiden müssen, bedeutet nicht, daß sich um die Ausge-
schiedenen niemand zu kümmern braucht. Vielleicht in keinem anderen Punkt
ist die Kritik an der Schule alten Stils so tief berechtigt wie in der Darstellung
der Grausamkeit, die darin lag, dem schlecht benoteten Schüler die ursprünglich gewählte Laufbahn unmöglich zu machen, ohne ihn auf eine andere hin-
zuleiten. Jedes normale Menschenwesen ist entwicklungsfähig; seine besonderen Entwicklungsmöglichkeiten zu erkunden und ihm zu erschließen ist die
Kernaufgabe der Pädagogik. Dazu gehört die Anerkennung der Würde auch
der einfachen Verrichtung, wenn sie mit Hingabe und nach besten Kräften
geleistet wird.

Wahrscheinlich mehr als irgendein anderer Aufgabenkreis, mit alleiniger Ausnahme der Wirtschaftsplanung – über die weiter unten mehr zu sagen ist –,
bietet die Bildungspolitik der Sozialdemokratie Gelegenheit, mit Forderungen
zu den Fundamenten der Gesellschaftsstruktur vorzustoßen. Natürlich ist gute
Bildungspolitik zugleich Finanzpolitik; sie stellt einen Hauptgrund dar, warum
es nötig ist, einen größeren Teil des Sozialprodukts – zum mindesten seines
Zuwachses – von der Befriedigung des Privatkonsums auf die Befriedigung
kollektiver Bedürfnisse zu übertragen.[70]

---

70) Fußnote nächste Seite

4. WIRTSCHAFTSPLANUNG

Damit sind wir wieder bei den Wirtschaftsfragen. Der größte Mangel in der Wirtschaft der Gegenwart ist das Fehlen eines Apparates ausreichender wirtschaftlicher Voraussicht. Die modernen Industriestaaten des Westens bewegen sich z. B. von Inflation zu Rezession und umgekehrt, weil wir die quantitativen Folgen unseres gegenwärtigen wirtschaftlichen Tuns nicht mit einiger Sicherheit voraussehen können; deshalb läuft bald die Produktionskapazität dem Konsum, bald der Konsum der Produktionskapazität davon. In den Industrieländern des Sowjetblocks ist zwar — soweit wir dies erkennen können — nicht der gleiche Mechanismus des Konjunkturwechsels am Werk, aber hier haben sich Disproportionalitäten der verschiedensten Art aus anderen Ursachen ergeben, die aus Fehlleistungen entweder des Planungsapparates oder der Plandurchführung entstanden sind.[71] Wohl ist es im Westen gelungen, durch monetäre und fiskalische Maßnahmen das jeweilige Sinken der Konjunkturkurve abzubremsen und die Folgen der konjunkturellen Arbeitslosigkeit für die Einkommen durch Erwerbslosenunterstützung zu mildern. Auf der anderen Seite sind heutige Haushalte gegen ein Absinken der Einkommen wahrscheinlich empfindlicher als die früheren, da die Ausdehnung des Abzahlungskredits den Haushalt, der die Raten nicht aufbringen kann, mit besonderen Verlusten bedroht. Abgesehen davon haben in vielen Ländern lange Perioden der Prosperität den breiten Massen ein Gefühl der wirtschaftlichen

---

70) Der sozialdemokratische Parteivorstand hat in seiner Erwiderung auf die Beschlüsse des Jungsozialisten-Kongresses 1969 erklärt: "Wir gehen dahin einig, daß die Ausgaben für Konsum und möglicherweise auch für private Investitionen und Kapitalexport eingeschränkt werden müssen, wenn wir die für die Zukunft notwendigen öffentlichen Investitionen durchführen wollen. — Wir werden in die Dispositionen der einzelnen Konsumenten nicht eingreifen, arbeiten jedoch an politischen Prozessen, die eine Ausweitung des öffentlichen Sektors ermöglichen." Stellungnahmen, S. 33.
Man sollte sich aber diese sehr richtige Haltung nicht, wie es vielfach geschieht, dadurch leicht machen, daß man die Ausweitung des Privatkonsums lediglich oder hauptsächlich als ein Produkt der Verkaufspropaganda oder des Prestigedenkens hinstellt. Eine Waschmaschine mag dem Nachbarn imponieren, und eine Anzeige in einer Zeitung oder im Fernsehen mag uns veranlassen, ein bestimmtes Fabrikat einem andern vorzuziehen; aber wer kann ernsthaft behaupten, daß wir eine Waschmaschine nicht hauptsächlich deshalb kaufen, weil sie für die Hausfrau eine sehr große Lebenserleichterung darstellt? Und steht nicht ein echter Konsumentenwunsch ebenso hinter dem Erwerb eines Fernsehapparates, einer Spülmaschine, eines Wasserheizers? Es ist nicht nötig, die Bedeutung der privaten Konsumerweiterung herabzusetzen, um zu argumentieren, daß die Erfüllung vieler Kollektivbedürfnisse noch wichtiger ist.

71) Auch im Westen treten neben den Disproportionalitäten, die dem Konjunkturwechsel zugrunde liegen, andere auf. So kam es in den Vereinigten Staaten plötzlich zu einem Überschuß an Intellektuellen verschiedener Vorbildung, sogar an Lehrern, nachdem man jahrelang über Lehrermangel geklagt hatte, und an Physikern, um deren Arbeitskraft bis vor kurzem die Unternehmungen der Raumfahrt- und der Elektronikindustrien heftig konkurriert hatten. Als mit öffentlichen Geldern die Umschulung von arbeitslosen Physikern auf Aufgaben des Umweltschutzes organisiert wurde, stellte sich heraus, daß trotz der Dringlichkeit dieser Aufgaben noch keine entsprechenden Stellen in ausreichender Zahl vorhanden waren, weil die öffentlichen Körperschaften die nötigen Mittel noch nicht in ihre Budgets eingesetzt hatten. Bessere Voraussicht hätte hier vorgebeugt.

Sicherheit gegeben, wie es früher nur der wohlhabende Mittelstand, besonders der Beamte und der höhere Angestellte, kannte; aus diesem Sicherheitsgefühl herausgerissen zu werden ist besonders hart. Ohne Zweifel würde also eine bessere Planung der Wirtschaft viel menschliches Leid beseitigen. Dazu kommt, daß der Umweltschutz, von dessen Entwicklung die Zukunft der Menschheit zum guten Teil abhängt, überhaupt nur auf der Grundlage einer viel vollkommeneren wirtschaftlichen Voraussicht möglich ist, als es die heutigen Methoden und Einrichtungen gestatten.

Es spricht also viel dafür, daß der Gedanke der Wirtschaftsplanung einem sozialdemokratischen Programm den großen Zug geben könnte, der mit dem Ausscheiden des marxistischen Endziels verlorengegangen ist. Dieser Gedanke liegt ja auch in der sozialdemokratischen Tradition: Sozialisten haben schon lange von Planwirtschaft als einer Forderung gesprochen. Freilich haben sie damit oft sehr unklare Ideen verbunden, und durch die Art, wie im kommunistischen Sektor der Welt die Planung durchgeführt wurde, sind neue Mißverständnisse entstanden oder alte gefördert worden. Wenn die Wirtschaftsplanung eine zentrale Stellung im sozialdemokratischen Programm erhalten soll, muß mehr Klarheit darüber geschaffen werden, was der Begriff bedeutet.

Wirtschaftsplanung in dem Sinn, in dem sie eine entscheidende Rolle in einem modernen sozialdemokratischen Programm spielen kann, bedeutet ökonomische Voraussicht und die Anwendung solcher Voraussicht auf eine Politik, die erwünschte Tendenzen in der Wirtschaft fördert und unerwünschte hindert; Planung bedeutet nicht den Ersatz des Marktes durch zentrale Wirtschaftsleitung. Zwar kann nur an zentraler Stelle die Hauptarbeit der Planung geleistet werden, aber es liegt nicht im Wesen der Planung, die Eigenbewegung der Wirtschaftseinheiten auszuschalten.[72] Vielmehr besteht die Kunst des Planens zum großen Teil darin, die Reaktion der Wirtschaftseinheiten — Unternehmungen und Haushalte — auf voraussehbare Vorteile und Nachteile zu berechnen und zu bestimmen, wie die Interessenlage der Einheiten verändert werden muß — z. B. durch Krediterleichterungen oder -erschwerungen, Steuern oder Prämien, Änderungen der Infrastruktur —, um das Verhalten der Wirtschaftseinheiten in die Linie gesellschaftlicher Notwendigkeiten zu bringen. Eine solche Planung kann nicht nur physische Planung sein, sondern muß auch in Wertgrößen kalkulieren.

Es ist schon früher dargelegt worden, daß Sowjetplanung lange Zeit fast ausschließlich Planung in physischen Größen war und daß sie auch heute dieses Stadium nur gerade erst zu überwinden beginnt. Gewiß ist physische Planung notwendig, denn die Marktwirtschaft versagt ja in vieler Beziehung gerade deshalb, weil sie die physischen Folgen gegenwärtigen Handelns auf die Wirtschaft der Zukunft nicht genügend in Rechnung stellt. So erreichen manche Bedürfnisse an Dauergütern einen Grad relativer Sättigung, der nur mehr einen Ersatz abgenutzter Einheiten, aber nicht mehr wie vorher die viel größeren Lieferungen für eine Ausstattung mit diesen Gütern zuläßt; so schaffen sich

---

72) Fußnote nächste Seite

z. B. zwar immer mehr Familien mit steigendem Einkommen einen Wagen und manche auch zwei Wagen an, aber ohne Rücksicht auf ihr Einkommen wollen nur wenige Familien mehr als zwei Wagen besitzen; dies kann man nur dann voraussehen, wenn man sich die physischen Vorteile und Nachteile des Besitzes mehrerer Automobile klar macht. Andere physische Zusammenhänge zwischen Gegenwarts- und Zukunftswirtschaft sind bedingt durch die Erschöpfung von Materialquellen, durch die in mancher Hinsicht voraussehbare Erschließung neuer Produktionsmöglichkeiten durch technischen Fortschritt und durch die **Zunahme der Bevölkerung**.

Aber physische Planung genügt nicht. Planung in Wertgrößen ist gleichfalls notwendig, schon weil sonst der Plan und die Erfolgsrechnung der Unternehmungen nicht aufeinander abgestimmt werden können; in Ermangelung einer solchen wechselseitigen Abstimmung aber würde die wirtschaftspolitische Leitung vor der gleichen Notwendigkeit stehen, die in den östlichen Staaten mit ihrer vorwiegend physischen Planung zur Überzentralisation und anderen schweren Mißständen geführt hat: einzelnen Unternehmungen das physische Produktionsvolumen vorzuschreiben und ihnen damit eine nur sehr eng begrenzte Entscheidungsfreiheit zu gewähren. Mit anderen Worten: Planerfüllung kann ohne physische Auflagen, lediglich durch Beeinflussung der Daten unternehmerischer Erfolgsrechnung — indem man Steuerpolitik, Subsidien, öffentliche Aufträge und dgl. plangemäße Unternehmerentscheidungen rentabel und

72) Neuerdings hat zu der Zentralisation von Wirtschaftsentscheidungen das Phänomen der "Stagflation" beigetragen: Die herkömmlichen Mittel der Inflationsbekämpfung durch Geldverknappung haben in einigen Ländern, darunter den Vereinigten Staaten, zwar den Wirtschaftsprozeß durch Verringerung des Beschäftigungsgrades und Reduzierung des Wirtschaftswachstums bis zur Stagnation "abgekühlt", aber dem Preisanstieg nicht Einhalt getan. Der Grund liegt nach ziemlich übereinstimmendem Urteil der Wirtschaftssachverständigen in der Tendenz von Gewerkschaften und großen Erwerbsgesellschaften, sich in Lohnkonflikten auf Kosten des Konsumenten zu einigen, indem die Preise den höheren Löhnen angepaßt werden. Zur Vermeidung unerträglicher Arbeitslosigkeit müssen dann Notenbank und Finanzverwaltung durch entsprechenden Geldzufluß die höhere Preislage "ratifizieren". In den Vereinigten Staaten ist deshalb eine besonders drastische Form der "Einkommenspolitik" eingeführt worden: Besondere Kommissionen sollen über die Zulässigkeit von Lohn- und Preiserhöhungen entscheiden. Dabei besteht die Idee, Lohnsteigerungen mit einer Steigerung der Produktivität in ein festes Verhältnis zu bringen; die Preispolitik wird voraussichtlich von dem Gedanken getragen sein, monopolistische Einflüsse auszuschalten und die Preise auf dem Konkurrenzniveau festzuhalten. Es ist also nicht an eine willkürliche Festsetzung von Preisen und Löhnen gedacht, sondern wirtschaftliche Kriterien sollen maßgebend sein, so daß sich der Apparat in eine Marktwirtschaft einfügt.
Die Neuerung ist zwar der Öffentlichkeit als eine Notmaßnahme verkündet worden, doch läßt sich nicht ersehen, wie sie abgeschafft werden könnte, ohne daß die alten Übel sich wieder einstellen. Freilich wird eine erhebliche Zeit des Experimentierens notwendig sein, bis ein einigermaßen befriedigendes Funktionieren gesichert ist; später werden wohl andere Länder das amerikanische Beispiel nachahmen.
Man kann die Neuerung so deuten, daß die alten Methoden, praktische Folgerungen aus wirtschaftlicher Voraussicht zu ziehen, versagt haben und daß deshalb eine stärkere Zentralisierung notwendig schien. In jedem Fall aber besteht der umgekehrte Zusammenhang zwischen Wirtschaftsplanung und den Preis- und Lohnkontrollen: Zentralisierung der Wirtschaftsentscheidung wird unerträglich, wenn sie nicht durch ein hohes Maß wirtschaftlicher Voraussicht geleitet ist.

das Gegenteil unrentabel macht –, nur dann bewirkt werden, wenn der Plan selbst in Wertgrößen kalkuliert ist; anderenfalls wäre ja gar nicht zu ersehen, wieviel Prämie auf plangemäßes Verhalten und wieviele Nachteile für planwidriges Verhalten die wirtschaftspolitische Leitung schaffen muß, um ihr Ziel zu erreichen. Die Methode der physischen Produktionsauflagen aber mit ihrer extremen Konzentration der Entscheidungen (und der praktisch unvermeidlichen Beeinträchtigung der Konsumfreiheit, s. unten) führt mit Notwendigkeit, jedenfalls nach der verfügbaren geschichtlichen Erfahrung, zu einem auch politisch unfreien System. Daraus folgt, daß in einem freiheitlichen System Wirtschaftsplanung nur existieren kann, wenn sie auch in Wertgrößen erfolgt.

Planung in Wertgrößen als Komplement der physischen Planung ist aber auch deshalb notwendig, um aus der enorm großen Zahl von technischen Möglichkeiten diejenigen herauszufinden, die am nützlichsten sind; nur wenn dies geschehen ist, kann man sich eine Meinung darüber bilden, ob eine in Erwägung gezogene Ausdehnung der Produktion eines Gutes einer entsprechenden Nachfrage begegnen wird. Auch können wir einen Überschuß oder ein Defizit an Kaufkraft nur dann vorausschätzen, wenn wir den präsumptiven Wert der Gesamtproduktion der präsumptiven Gesamtsumme der Einkommen gegenüberstellen. Besonders wichtig ist die Bedeutung der Wertrechnung in der Planwirtschaft für die freie Konsumwahl: Wo es keine solche Wertrechnung gibt, wo also der Plan keine Preise vorsieht, durch welche die Dringlichkeit des Bedarfs zu der Schwierigkeit der Beschaffung in ein Verhältnis gesetzt wird, ist ein (formelles oder nicht formelles)[73] Rationierungssystem nötig, um die Nachfrage in den Grenzen der Produktionsmöglichkeiten zu halten. Der Konsument verliert also die Möglichkeit, sein Einkommen, d. h. seinen Anspruch auf einen Teil des Sozialprodukts, so auf die verschiedenen Arten von Gütern und Diensten zu verteilen, wie dies seinen eigenen Wünschen entspricht.

Diese Erwägungen überschneiden sich mit vielem, was weiter oben über sozialistische Wertrechnung als Gegenstand der Debatte vor 1914 und in den 1920er Jahren gesagt wurde. Diese Debatte hat also hohe Gegenwartsbedeu-

---

73) Die Sowjetunion hat, zumindest in Friedenszeiten, nur vorübergehend und unsystematisch von formeller Rationierung Gebrauch gemacht. Aber in der Sowjetunion und in allen Ländern des Sowjetblocks war das Anstehen vor Läden, in denen begehrte, aber nur unzureichend verfügbare Artikel verkauft wurden, eine häufige Erscheinung und ist auch jetzt nicht verschwunden. Solcher Zwang zum Anstehen ist eine besonders unzweckmäßige Art unformeller Rationierung, weil er eine Vergeudung von Zeit und Kraft darstellt. In ihrer Wirkung ist diese Rationierung durch Käuferschlangen oft brutal, da sie sich gegen Menschen mit begrenzter physischer Kraft auswirkt; der Kranke oder Schwache kann nicht stundenlang in Wind und Wetter vor Ladentüren stehen.
Natürlich sind auch in der Sowjetunion die Wünsche der Konsumenten nie ganz außer acht gelassen worden. Auch die Sowjetregierung hat niemals ihre Konsumenten zwingen wollen, mehr Schweinefleisch zu kaufen, wenn sie Rindfleisch vorzogen, außer wenn Produktionsbedingungen dazu Anlaß gaben. Aber da die Rechnung in Nutzgrößen rudimentär war, ergab es sich, daß die Konsumenten sehr oft nicht erhielten, was sie am meisten wollten, obwohl sie bereit gewesen wären, die durch die Produktionskosten bedingten Preise zu bezahlen, und – um ihre Geldeinkommen überhaupt in Waren umsetzen zu können – das kaufen mußten, was sie weniger wünschten.

tung. Zwar lag ihr eine Annahme zugrunde, die heute als überholt gelten muß
– daß nämlich alle Produktionsmittel im Eigentum des Staates stünden und
von ihm verwaltet würden. Aber diese Diskussion lieferte die Erkenntnis, daß
eine Zentralwirtschaftsstelle jene Preise berechnen könne, die Nachfrage und
Angebot zum Ausgleich bringen, ohne daß sie erst von Käufern und Verkäu-
fern ausgehandelt werden müßten. In den westlichen Ländern kommt es nicht
in Frage, dieses Aushandeln, das Sich-Treffen lebendiger Marktpersonen, abzu-
schaffen. Aber planen in Wertgrößen bedeutet, daß Preise im Wege der Vor-
ausschätzung, also v o r der Preisbildung durch das Angebot lebendiger Verkäufer und die Nachfrage lebendiger Käufer – und d. h. natürlich unabhängig
von diesen –, bestimmt werden; der Weg dazu ist von den früheren Überlegungen erschlossen worden.

Planwirtschaft braucht also nicht Zwangswirtschaft zu sein; richtig gestaltet,
bedeutet sie keine Beeinträchtigung der Freiheit, ja sie hilft durch wirtschaftliche Sicherung jene Beeinträchtigung der Freiheit zu verhindern, die mit wirtschaftlicher Not verbunden ist. Dies ist die unentbehrliche Voraussetzung dafür, daß dem Willen zur Wirtschaftsplanung eine zentrale Stelle im sozialdemokratischen Programm eingeräumt wird. Wie sind die Aussichten, daß der Planungsgedanke dem sozialdemokratischen Programm jenen Aspekt der Groß-
zügigkeit verleihen kann, der vor allem dem Erfurter Programm, aber auch
einigermaßen den Programmen der Zwischenkriegszeit eigen war?

Objektiv erfüllt der Planungsgedanke die Bedingungen für eine solche Rolle in
hohem Maß. Er schließt die Idee ein, daß die organisierte menschliche Gesellschaft ihr Wirtschaftsschicksal bewußt gestalten soll – eine Idee, die dem
Marxismus zugrunde lag und durch ihn auch ein Teil der sozialistischen Vorstellungswelt wurde. Er liegt in der Linie einer notwendigen gesellschaftlichen
Entwicklung, und seine Übernahme in eine zentrale Stellung des Programms
würde daher bedeuten, daß sich die Sozialdemokratie wiederum als Vollstrek-
kerin einer großen historischen Mission fühlen darf. Er bedeutet eine Umgestaltung der Wirtschaft, die über Einzelreformen hinausgeht. Wenn trotzdem
Zweifel auftauchen, wieviel der Planungsgedanke in einem sozialdemokratischen Programm zu bedeuten vermag, so liegt das an der Unsicherheit, ob die
Idee der Wirtschaftsplanung in genügendem Maße emotionelle Kräfte mobili-
sieren kann – ob sie nicht nur den Verstand, sondern auch die Gefühle breiter
Volksmassen ansprechen wird. Ist sie nicht nur ein Konzept, wie es Wirtschafts-
sachverständige einer Zuhörerschaft von Gelehrten vorschlagen können, die
sie als ein Mittel wirtschaftsorganisatorischen Fortschritts prüfen sollen? Vielleicht ist es besser, zu fragen, ob die Politiker die richtigen Worte finden werden, um die Größe des Gedankens den Massen begreiflich zu machen. Was
eine der großen positiven Seiten des Planungsgedankens ist, daß er nämlich,
wenn richtig ausgeführt, allen oder fast allen Teilen der Gesellschaft zugute
kommen wird, mag sich politisch als eine Schwäche erweisen: Es fehlt ein
Freund-Feind-Gegensatz, der über einen Konflikt zwischen Vorurteil und Erkenntnis hinausginge – die Art Gegensatz, die in dem alten Ausbeutungsargument so lebendig vorhanden war. Nur die Erfahrung kann lehren, ob trotzdem

die Wirtschaftsplanung als Idee den Willen der Wähler aktivieren kann und nicht nur ihren Verstand befriedigen wird. Das gleiche gilt für die Frage, ob es gelingen wird, den Unterschied zwischen Planwirtschaft und Zwangswirtschaft, und zwischen freiheitlicher Planwirtschaft und der Zentralverwaltungswirtschaft kommunistischer Länder, den Massen so klar zu machen, wie er in der wissenschaftlichen Analyse erscheint.

5. DIE LINKE IN DER SOZIALDEMOKRATIE

Die festgefügte Organisation der Sozialdemokratie, die ein höchst wichtiges Element ihrer Stärke war und noch ist, hat immer manche Anhänger bedrückt, weil sie das Gefühl hatten, mit ihren abweichenden Meinungen gegen den Apparat nicht aufkommen zu können. Dieses Gefühl hat sich oft mit dem Unwillen darüber verbunden, daß die Verwalter der Organisation mit Zähigkeit an den traditionellen Ideen der Partei festhielten und daß sie gegen Neuerer nicht gerade tolerant waren. So ergaben sich die Revolte der radikalen "Jungen" in den frühen 1890er Jahren[74], das Aufbegehren der aktiven Revisionisten um die Jahrhundertwende[75], die Kritik der De-Man-Anhänger in den 1920er Jahren an der "materialistischen" Ideologie der Partei und die Opposi-

---

74) Bismarcks Ausnahmegesetz gegen die Sozialdemokratie (1878 - 1890), das diese in die Illegalität drängte, hatte den Radikalismus in der Partei begünstigt. Der Fehlschlag des Sozialistengesetzes aber, das die Zunahme sozialdemokratischer Stimmen nicht hindern konnte und von der Regierung schließlich fallengelassen wurde, gab der Mehrheit der Partei das Vertrauen zurück, durch legale Arbeit weitere Erfolge erzielen zu können. Gegen diese Strategie der Mäßigung erhob sich der Widerstand einer Minorität, teilweise wohl unter dem Einfluß anarcho-sozialistischer Tendenzen. Da die Führer dieser Minderheit sich — mindestens nach Ansicht der Parteimehrheit — der Parteidisziplin nicht fügen wollten, wurden mehrere von ihnen aus der Partei ausgeschlossen. Manche von diesen "Jungen", wie sie sich nannten, kehrten nach einiger Zeit in die Partei zurück; einige wurden ausgesprochene Reformisten.

75) Das Ende des Sozialistengesetzes, das der Partei die Möglichkeit legaler Arbeit wieder eröffnete, gab einer Reihe von Sozialdemokraten die Zuversicht, daß die Sozialdemokratie durch eine Umgestaltung in eine Partei der sozialen Reformen im parlamentarischen Zusammenwirken mit fortschrittlichen Teilen des Bürgertums entscheidende Besserungen in der Lage der Arbeiter herbeiführen könne; sie befürworteten deshalb eine Abschwächung des Klassencharakters der Partei und eine Verlagerung des Schwerpunkts vom Endziel auf die Reformforderungen. Damit aber gingen sie weiter als die damalige Parteimehrheit. Der erste wirksame Sprecher für die revisionistischen Tendenzen — der Name deutet auf eine Revision des Parteiprogramms hin, die aber keineswegs eine zentrale Forderung der Gruppe darstellte — war Georg von Vollmar, der Führer der bayerischen Sozialdemokratie, der in zwei Reden im Jahr 1891 seinen Standpunkt begründete. Doch gewann die Bewegung größeren Einfluß erst mit dem Auftreten Eduard Bernsteins, besonders durch dessen Buch "Die Voraussetzungen des Sozialismus und die Aufgabe der Sozialdemokratie" (1899).
Revisionistische Tendenzen wurden zeitweise begünstigt durch Entwicklungen in anderen Teilen der internationalen sozialistischen Bewegung, z. B. durch den Aufstieg der französischen "Possibilisten" (s. unten), die Tätigkeit der britischen Fabian Society, die sich unermüdlich für soziale Reformgesetze im Ursprungsland des industriellen Kapitalismus und gleichzeitig für die Bildung einer selbständigen Arbeiterpartei einsetzte, und durch die tatsächliche Bildung einer solchen, reformistisch orientierten politischen Gruppe der

tion der nach links drängenden Jungsozialisten in der Weimarer Republik, um nur einige besonders wichtige Erscheinungen in dieser Art in der deutschen Sozialdemokratie zu nennen; in die gleiche Kategorie gehört wohl auch die "possibilistische" Revolte gegen den Marxismus im Frankreich der 1880er Jahre[76] und in den 1930er Jahren die "rechte Abweichung" der Neosozialisten[77], wie Marcel Déat, sowie die marxistische Opposition von Louis de Brouckère und Henri de Man, als sie noch radikal waren, gegen die belgische Parteiführung um 1911.[78] Schon aus diesen Beispielen ist zu ersehen, daß die Unzufriedenheit mit der Starrheit der Organisation beinahe so oft auf dem rechten wie auf dem linken Flügel zu finden war.

"Unabhängigen Arbeiterpartei" in England durch den großen Idealisten James Keir Hardie (siehe Fußnote 52!).
Auch der stärkste Rückschlag für die Revisionisten kam aus der internationalen Sphäre: Unter dem Einfluß der Erregung über den Fall Millerand verurteilte der sozialdemokratische Parteitag in Dresden (1903) "die revisionistischen Bestrebungen, unsere bewährte und siegegekrönte Taktik in dem Sinn zu ändern, daß anstelle der Eroberung der politischen Macht durch die Überwindung unserer Gegner eine Politik des Entgegenkommens an die bestehende Ordnung der Dinge tritt". Dies war freilich keine sehr zutreffende Beschreibung des revisionistischen Standpunkts. Die weitere Entwicklung der allgemeinen politischen Verhältnisse und der Ausgang der Debatte über den Massenstreik brachte dann eine Annäherung der Parteimehrheit an die Revisionisten.

76) Die sozialistische Bewegung Frankreichs war in ihren Anfängen keineswegs überwiegend marxistisch. Der Versuch der Marxisten Jules Guesde und Paul Lafargue, die Annahme eines rein marxistischen Programms durchzudrücken, endete mit dem Ausschluß der Marxisten aus der französischen Arbeiterpartei im Jahr 1882 auf dem Parteitag von St. Etienne. Sie bildeten bis 1905 eine eigene Gruppe. Die siegreiche Mehrheit stand in den 1880er Jahren unter der Führung von Paul Brousse und Benoît Malon und nannte sich "possibilistisch": Sie verwarf die den Marxisten zugeschriebene Idee, daß alle Ziele auf einmal durch einen revolutionären Schlag erreicht werden müßten, und setzte sich zur Aufgabe, das Endziel in Teile aufzubrechen, die stufenweise verwirklicht werden könnten, um damit schließlich die Erfüllung aller Forderungen möglich (possible) zu machen. Es ist aber zweifelhaft, ob nach den Ideen von Brousse die Reformen die Revolution ersetzen oder nur vorbereiten sollten; jedenfalls behielten auch die Possibilisten zunächst die revolutionäre Sprache bei, die seit der Niederlage der "Commune" und der französischen Sozialisten üblich war. Allmählich aber entwickelten sich die Ideen der Possibilisten zweifellos zu einem echten Reformismus, der den Gedanken der Revolution fallen ließ, auch wenn das Wort im Sprachschatz blieb.

77) Unter dem Eindruck der Triumphe des Faschismus in Deutschland und Italien bildete sich innerhalb der französischen Sozialdemokratie eine Gruppe, die es für notwendig hielt, daß die Partei durch Abschwächung ihres Klassencharakters und durch eine Abwendung vom Marxschen Materialismus einen größeren Teil der Mittelklasse an sich zu ziehen suchte. Ihre Ideen berührten sich mit denen von Hendrik de Man, der die Bewegung auch unterstützte. Historisch gesehen wurde der Neosozialismus dadurch kompromittiert, daß der größte Teil der Neosozialisten unter der Führung Déats nach der Niederlage Frankreichs zur Vichy-Regierung überging und eine enge Kollaboration mit dem deutschen Nazismus befürwortete. Auch de Man glaubte unmittelbar nach der Besetzung Belgiens mit der Besatzungsmacht zusammenarbeiten zu können und weigerte sich deshalb, mit der Regierung und dem Vorstand der Arbeiterpartei Belgien zu verlassen; er sah aber bald seinen Irrtum ein und flüchtete vor der Gestapo in die Savoyischen Berge, wo er sich bis zum Kriegsende in einer Alpenhütte versteckt hielt.

78) Siehe: Die Eigenart der belgischen Arbeiterbewegung, in: Die Neue Zeit, XXIX : 1, 1911, Ergänzungsheft Nr. 9.

Die Opponenten haben oft den Wert des Beharrungsmoments und die Notwendigkeit eines festen Parteiapparates unterschätzt; das läßt sich ebenso aus den Memoiren der Revisionistin Lilly Braun[79] wie aus unzähligen radikalen Dokumenten erkennen. Aber diese Fehler der Opposition dürfen nicht darüber hinwegtäuschen, daß der Apparat eines Gegengewichts bedarf und daß eine Opposition, auch wenn sie in vielem unrecht hat, schon durch ihre Eigenschaft als Opposition eine Funktion erfüllt.

Aber natürlich kann die Erfüllung dieser Funktion in ihrem Wert überkompensiert werden durch das Ausmaß an Verwirrung, das sich in den Ideen der Opposition findet, wie umgekehrt der Wert des Beitrags, den die Opposition als Opposition leistet, erhöht wird, wenn ihre Ideen der Wirklichkeit gerecht werden und sie die Partei auf neue, fruchtbare Möglichkeiten der Betätigung hinweisen. Wenn man die Linksopposition, die sich innerhalb der sozialdemokratischen Bewegung seit dem Zweiten Weltkrieg und besonders in den sechziger Jahren entwickelt hat, nach diesen Gesichtspunkten beurteilt, so schneidet sie im ganzen schlecht ab. Sachlich hat sie kaum mehr geleistet als eine Kritik an jenem unfruchtbaren Antikommunismus, der sich unter dem Eindruck der kommunistischen Expansionsversuche und der Unterdrückung der Meinungsfreiheit in den kommunistischen Ländern zum Teil auch innerhalb der sozialdemokratischen Bewegung entwickelt hatte; auch hier hat die Linke ihren eigenen Bestrebungen geschadet, indem sie – z. B. durch die Redensart von der "bloß formalen Demokratie" – sich dem Verdacht aussetzte, als wolle sie die Lebensbedeutung demokratischer Freiheitsgarantien und damit die Unterschiede zwischen dem westlichen und dem kommunistischen System herunterspielen. Die Auflockerung der Haltung gegenüber den kommunistischen Ländern ist denn auch nur zum kleinsten Teil eine Leistung des linken Flügels der sozialdemokratischen Bewegung; viele Faktoren haben zu dieser Auflockerung beigetragen, innerhalb und noch mehr außerhalb des sozialdemokratischen Ideenkreises; man denke etwa an Tendenzen, die in der amerikanischen Politik seit den späteren Jahren Eisenhowers wirksam waren, oder an das freilich nicht sehr sinnvolle gaullistische Schlagwort vom "Europa bis zum Ural". Die Linke hat sicherlich ein Gefühl dafür, daß die Eliminierung des alten Endziels eine Lücke hinterlassen hat und daß es wichtig ist, sich um ihre Ausfüllung zu bemühen; aber was sie an Anregung zur Lösung dieser Aufgabe beigetragen hat, ist zum größten Teil unbrauchbar. Die Linke hätte sich ein Verdienst erwerben können, wenn sie dem europäischen Wunsch, die Abhängigkeit von Amerika in der Verteidigung nicht zu einer geistigen Abhängigkeit werden zu lassen und sich die Freiheit der Kritik an der amerikanischen Politik zu wahren, in würdiger und intelligenter Weise Ausdruck gegeben hätte. Sie hat es aber meist nur zu einem gedankenlosen Antiamerikanismus gebracht, der weltpolitische Realitäten ebenso ignoriert wie das viele Großartige im amerikanischen Leben.

---

79) Memoiren einer Sozialistin, 2 Bde., München 1909 - 11.

Alle sozialdemokratischen Parteien haben einen linken Flügel. In Frankreich hat der Gegensatz zur Parteimehrheit zur zeitweisen Abspaltung der "Parti socialiste unifié" geführt. In Italien hat sich umgekehrt der rechte Flügel unter Saragat von der alten sozialistischen Partei abgespalten, weil diese zu nahe an die Kommunisten herangerückt war; doch hat auch die alte Partei, wenigstens in den letzten Jahren, einen ziemlich klaren demokratischen Kurs gesteuert. In beiden Ländern liegen besondere Umstände vor, die den Spielraum des Handelns für die Sozialdemokratie einengen. Nicht nur besteht in beiden, im Gegensatz zur Bundesrepublik wie zu Großbritannien, Schweden und anderen westlichen Staaten, eine starke kommunistische Partei, sondern die französischen und italienischen Kommunisten sind auch nicht mehr bedingungslos Gefolgsleute von Moskau, obwohl die Intensität ihres Unabhängigkeitswillens manchen Schwankungen ausgesetzt ist. Sie haben es damit auf der einen Seite den Sozialdemokraten möglich gemacht, gelegentlich mit ihnen zusammenzuarbeiten; auf der anderen Seite sind die Kommunisten damit für einen großen Teil der Wähler anziehender geworden und deshalb gefährlichere Rivalen der Sozialdemokratie. Die Sozialdemokratie Frankreichs und Italiens kann und braucht daher keinen so scharfen Strich gegen die kommunistische Partei zu ziehen wie die bundesdeutsche. Die weniger scharfe Abgrenzung gegenüber den Kommunisten erleichtert zwar in mancher Hinsicht die Taktik der Parteilinken, bietet ihr aber auch weniger Angriffspunkte. Die Politik der taktischen Annäherung an die Kommunisten schafft aber die Gefahr einer Fehlentwicklung, da sie bewirken kann, daß überlebte marxistische Ideen oder auch nur Schlagworte wieder aufgenommen werden; das ist besonders in Frankreich deutlich geworden.[80]

Man kann die Ideen der sozialdemokratischen Linksopposition, besonders in der Bundesrepublik, kaum verstehen, wenn man sie nicht als einen Teil der Neuen Linken betrachtet — ein Begriff, der in den Vereinigten Staaten aufgekommen ist, während das zugrunde liegende Phänomen sich heute in vielen Ländern beobachten läßt. Diese Neue Linke ist eine Art Jugendbewegung, ob-

---

80) Die französische Sozialdemokratie hat nach einer Periode sehr gemäßigter Haltung im Jahr 1969 eine Wendung ausgeführt, die mindestens an der Oberfläche wie ein scharfer Linksruck aussieht. Sie hat jedes Bündnis mit "politischen Kräften, die den Kapitalismus repräsentieren, einschließlich von Versuchen, eine Kombination der Mitte zu bilden", ausdrücklich verworfen, hat es abgelehnt, eine "dritte Kraft" zwischen Kapitalismus und Kommunismus darzustellen, und hat erklärt, daß die "Union der Linken" — d. h. das Bündnis mit den Kommunisten — "normalerweise die Achse der sozialistischen Strategie bilden müßte". (Beschlüsse des Parteitags von 1969). Sie hat auf der anderen Seite den Kommunisten Bedingungen für eine Zusammenarbeit gestellt, die den sozialdemokratischen Standpunkt wahren: Die Kommunisten müssen sich auf die Respektierung der bürgerlichen Freiheiten, auf die nationale Souveränität — d. h. in diesem Fall auf die Unabhängigkeit der französischen Außenpolitik von der sowjetischen — und auf die Unterwerfung unter den Volkswillen, wie er im allgemeinen Wahlrecht zum Ausdruck kommt, festlegen (Parteitagsbeschluß von 1971).
Zu dem Linksruck hat sicherlich der Mißerfolg beigetragen, den die Partei kurz vor dem Parteitag von 1969 bei den Präsidentschaftswahlen erlitten hatte, als ihre beschränkte Kooperation mit der bürgerlichen Mitte den Gaullistischen Block nicht erschüttern konnte.

wohl ihre Führer und Wortführer nicht immer sehr jung sind. Man hat sie oft als einen Versuch bezeichnet, eine "Subkultur" oder "Gegenkultur" der Jugend zu schaffen; man hat sie auch aus einem ewigen Konflikt der Generationen erklären wollen, der unter besonderen Bedingungen einen hohen Grad an Schärfe erreiche. An jedem dieser Erklärungsversuche ist einiges richtig; keiner erklärt das Phänomen vollständig und befriedigend. Die einzelnen Teile der Neuen Linken sind voneinander sehr verschieden. Außer dem Zwiespalt zwischen den mehr antiautoritären und den mehr kollektivistischen Richtungen, über den nachher zu reden sein wird, unterscheiden sich die einzelnen Flügel durch ihre Stellung zur Gewalt. Neben rein pazifistischen, bedingungslos auf Gewaltverzicht eingestellten Gruppen gibt es andere, die revolutionäre Gewalt ebenso bedingungslos bejahen, und dazwischen gibt es viele Mittelstellungen. Die sozialdemokratische Linke würde es entrüstet und mit Recht ablehnen, mit den wilden Aktionen der amerikanischen "Weathermen"[81] und ähnlich eingestellter Gruppen in der Bundesrepublik identifiziert zu werden; weniger sicher ist, wie sie prinzipiell zum Gedanken einer sozialen Revolution steht. Trotz aller Verschiedenheiten hat aber die Zusammenfassung der einzelnen Teile im Begriff der Neuen Linken einen guten Sinn. Allen Teilen ist gemeinsam die Überzeugung, daß die bestehende Gesellschaft schlecht ist und raschestens und von Grund auf geändert werden muß. Die positive Seite dieser Überzeugung ist – neben einem starken Willen zur sozialen Gerechtigkeit – die Einsicht, daß es nicht der ganze Zweck der menschlichen Existenz sein kann, immer mehr Autos, Waschmaschinen und Fernsehapparate zu beschaffen, besonders wenn es solche lebensbedrohenden Erscheinungen wie die Möglichkeit eines Nuklearkrieges, die Armut der Entwicklungsländer und das Kriegselend in Vietnam gibt. Die negative Seite ist – neben sektiererischer Arroganz – die Schwäche der Versuche, Alternativen zu den bestehenden Einrichtungen zu finden. Soweit die Neue Linke überhaupt versucht hat, sich darüber klarzuwerden, was an die Stelle des Bestehenden treten soll – und die Linke der Sozialdemokratie hat nach dieser Richtung immerhin mehr getan als andere Gruppen[82] –, hat sie wenig realistische Ideen produziert. Sie hat ihre Ener-

---

81) Die "Weathermen" sind der extreme Flügel einer radikalen Studentenorganisation, der "Students for a Democratic Society" (SDS). Die Gleichheit der Initialen mit denen des "Sozialistischen Deutschen Studentenbundes" (SDS) ist Zufall, aber symbolisch. Der amerikanische SDS ist in sich zerstritten und bedeutet nicht mehr viel; von den "Weathermen" ist kaum noch etwas übrig. Außer dem Erschrecken über einige opferreiche Aktionen der Weathermen trug zu diesem Niedergang vor allem der – auch in der Neuen Linken der Bundesrepublik nicht unbekannte – Meinungsstreit darüber bei, ob man die soziale Revolution noch im Sinn des klassischen Marxismus von der Industriearbeiterschaft erwarten könne oder ob man die revolutionären Hoffnungen auf die Außenseiter der Industriegesellschaft (rassische Minoritäten, Wohlfahrtsempfänger, Gefängnisinsassen) und des nichtindustriellen Weltsystems (Bauernmassen der Entwicklungsländer) setzen müsse.
82) Die beste Leistung der Sozialdemokratischen Linken ist wohl der "Forderungskatalog der Jungsozialisten zur Kommunalpolitik", der auf einer Arbeitskonferenz in Mannheim im April 1971 beschlossen wurde. Darin wurde ein Programm für einen Teilbereich der Gesellschaftspolitik aufgestellt, in dem neben manchen illusionistischen oder wenig durchdachten Punkten auch wertvolle Ideen zu finden sind. Besonders sollten in allen Industriestaaten die Probleme des großstädtischen Bodenrechts neu und ohne Bindung an überkommene Vorstellungen durchdacht werden.

gie in der Hauptsache auf die Formulierung von Anklagen konzentriert. An der Ausarbeitung positiver Forderungen, die über Schlagworte hinausgegangen wären, war sie offenbar durch das Gefühl gehemmt, daß die Vehemenz mancher Anklagen unhaltbar erscheinen würde, wenn man sich auf eine intensive Beschäftigung mit der Realität einließe.

Der gemeinsame Bestand an Ideen und Gefühlen hat die Neue Linke befähigt, bei besonderen Gelegenheiten, z. B. bei der französischen Studentenrevolte im Mai 1968, ziemlich einheitlich zu handeln. Was aus diesem Bestand in einem gegebenen Augenblick von den einzelnen Gruppen hervorgeholt und in den Vordergrund gestellt wird, hängt von den Umständen ab und ist deshalb dem Wechsel unterworfen; man kann daher die Haltung der einzelnen Flügel, zu denen auch die sozialdemokratische Linke (mit Ausnahme einer kleinen altmarxistischen Gruppe) gehört, nur verstehen, wenn man sich über die Gemeinsamkeiten klar ist. Trotzdem muß man natürlich die Unterschiede im Auge behalten. Die extremen Teile der Neuen Linken lehnen alle parlamentarischen Institutionen ab und wollen mit dem Leben der bestehenden Parteien nichts zu tun haben; vielfach verweigern sie sogar den Dialog mit den Vertretern der "formalen Demokratie". Die sozialdemokratische Linke dagegen ist in der Partei verblieben. Daraus ergibt sich von selbst, daß ihre Haltung gegenüber dem Bestehenden nicht ganz so negativ ist wie die mancher anderer Gruppen – da sie doch im großen und ganzen vom Bestehenden ausgehen will, ohne dieses freilich immer richtig zu verstehen –, wenn sie dem Ideal der Zukunft näherzukommen versucht. Daher ist in den Äußerungen der Jungsozialisten, die in der Hauptsache den linken Flügel innerhalb der deutschen Partei verkörpern, doch noch etwas von dem rationalen Geist der alten Sozialdemokratie zu spüren.

Die Ideologie der Linksopposition in der Sozialdemokratie, wie der Neuen Linken überhaupt, besteht aus drei Elementen, zwischen denen, objektiv betrachtet, die größten Gegensätze bestehen: einer marxistischen Tendenz, einer antiautoritären und einer, die sich gegen die Konsumgesellschaft richtet. Die Widersprüche führen oft zu Kämpfen innerhalb der Linken, bleiben aber auch nicht selten unerkannt oder nur halb bewußt – z. B. zeigt sich das merkwürdige Phänomen, daß Leute, die sich für Marxisten halten, andere mit der Behauptung angreifen, daß sie Technokraten seien. Mit diesen Angriffen ist gemeint, daß Anhänger des technischen Fortschritts diesen auch auf Kosten menschlicher Werte befürworten – eine Kritik, für die, wenn mit mehr Verständnis für gesellschaftliche Notwendigkeiten formuliert, sich in der Tat viel sagen läßt. Aber Marx und die klassischen Marxisten haben den technischen Fortschritt fast ohne Einschränkung als die beste Garantie einer gedeihlichen Zukunft für alle Menschen angesehen – sie gehörten zu den ausgesprochensten "Technokraten" ihrer Zeit.

Die Ideologie der Linksopposition wurzelt in einem Gefühl, ohne das die technische Kultur des Zeitalters zur Sterilität verdammt wäre; aber sie selbst stellt keine Kraft dar, die zu einer fruchtbaren Erneuerung der Gegenwartskultur oder auch der sozialdemokratischen Ideenwelt viel beitragen könnte. Das läßt sich zunächst an der marxistischen Tendenz innerhalb der Neuen Linken zeigen. Jeder Versuch, für das marxistische Ausbeutungsargument eine Form zu finden, die es als ein politisches Programm auf die Gegenwart anwendungsfähig macht, ist hoffnungslos, das gleiche gilt von den Argumenten, die irgendwie die marxistische Theorie von der Selbstzerstörung des Kapitalismus retten wollen. Natürlich arbeitet die Marktwirtschaft in den westlichen Ländern nicht reibungslos, und in der Verbesserung ihrer Organisation sind schwierige Probleme zu lösen. Aber die Versuche, in Inflation, in Rezession, in die Existenz von Armutsinseln oder in Zahlungsbilanzschwierigkeiten die Anfänge einer Entwicklung hineinzuinterpretieren, die auf Zusammenbruch gerichtet ist, erinnern an die Intension von Marx und Engels in ihrem britischen Exil, in allen vorübergehenden Schwierigkeiten der Weltwirtschaft eine Dialektik zu erkennen, die das baldige Ende des Kapitalismus verheiße; man kann in dieser antikapitalistischen Argumentation auch eine Analogie sehen zu den Voraussagen eines bevorstehenden Zusammenbruchs des Sowjetregimes, wie sie bis vor kurzem immer wieder auftauchten und sich natürlich auch auf die Wahrnehmung realer Schwierigkeiten stützten. Auch hinter der hier und dort auftretenden Idee, daß die "Krise des Imperialismus" das kapitalistische System zerstören werde, steht keine reale Möglichkeit. Die Versuche Rosa Luxemburgs[83], Fritz Sternbergs[84] und Henryk Grossmanns[85], zu beweisen, daß der Kapitalismus für seine Existenz einen nichtkapitalistischen Raum voraussetzt, waren zwar mit großem Scharfsinn unternommen, aber ihre Argumente wurden schon damals auch von Marxisten kritisiert und sind offensichtlich unhaltbar. Gewiß bedarf die Wirtschaft aller Industrieländer — der kommunistisch regierten nicht weniger als der anderen — einer Reihe von Materialien, die aus Asien, Afrika oder Lateinamerika stammen; stellt man sich vor, daß die Länder der sogenannten Dritten Welt den Export plötzlich sperren würden, so käme die Wirtschaft der Industrieländer — wiederum ohne Rücksicht auf die Eigentumsverfassung — mindestens teilweise zum Erliegen. Aber eine solche Möglichkeit besteht nicht und bestände selbst dann nicht, wenn alle Entwicklungsländer sich in den Dienst der Revolution stellen wollten, denn sie sind von dem Verkauf ihrer Produkte zumindest so abhängig wie die Industrieländer von deren Import. Selbst die Öl produzierenden Länder Vorderasiens und Nordafrikas, die sich in einer stärkeren Stellung befinden als irgendein anderer Teil der Dritten Welt, haben ihre Boykottdrohungen nur dazu benutzt, einen besseren Preis für ihr Öl zu erzielen, und haben sich schließlich mit ihren westlichen Abnehmern geeinigt. Aber wenn schon die Vorstellung unrealistisch ist, daß das privatwirtschaftliche System durch einen Rohmaterialboykott zum Zu-

---

83) Rosa L u x e m b u r g: Die Akkumulation des Kapitals, zuerst veröffentlicht 1913. Besonders interessant ist die zweite Auflage (Leipzig 1921), da ihr ein Anhang beigefügt ist: "Die Akkumulation des Kapitals", oder "Was die Epigonen aus der Marx'schen Theorie gemacht haben. Eine Anti-Kritik".

84) Fritz S t e r n b e r g: Der Imperialismus, Berlin 1926.

85) Henryk G r o s s m a n n: Das Akkumulations- und Zusammenbruchsgesetz des kapitalistischen Systems, Leipzig 1929.

sammenbruch gebracht werden könnte, so gilt das noch mehr von der Idee, daß die aus Investitionen in den Entwicklungsländern stammenden Profite für die Wirtschaft des Westens lebensnotwendig seien und daß die Konfiskation der Industrieanlagen oder Bergwerke im Fremdbesitz durch lateinamerikanische oder arabische Regierungen dem Kapitalismus einen tödlichen Schlag versetzen könne. Selbst in den Vereinigten Staaten mit ihren besonders großen Auslandsinvestitionen machen diese Profite nur einen unbedeutenden Teil des Volkseinkommens aus — viel geringer als der jährliche Zuwachs des Volkseinkommens in normalen Jahren[86]. Aber nicht nur in wirtschaftlicher Hinsicht ist es eine Illusion, zu glauben, durch einen Aufstand der Dritten Welt das "System" zum Einsturz zu bringen: Politisch ist die Dritte Welt eher noch machtloser als wirtschaftlich. Das ganze schwarze Afrika stellt trotz seiner Überzahl noch nicht einmal eine ernstliche Bedrohung der Südafrikanischen Union dar. Was in hundert Jahren vielleicht möglich ist, kann niemand voraussehen, aber für die Gegenwart und die nicht ganz entfernte Zukunft ist es nicht die Stärke, sondern die Schwäche der Dritten Welt, die ein Problem für den Westen bedeutet.[87] Der zum großen Teil katastrophal niedrige Lebensstandard der ehemaligen Kolonialländer enthält zwar nicht die Keime einer Weltrevolution, droht aber ein dauernder Herd von Unruhen zu werden — ein politischer und vielleicht auch ein physischer Seuchenherd; er ist eine Last auf dem Gewissen des Westens, und die Ungerechtigkeit der südafrikanischen Apartheid hat Rückwirkungen auf die farbige Bevölkerung westlicher Länder, vor allem der Vereinigten Staaten — wieder nicht im Sinn einer Revolution,

---

86) Nach der amerikanischen Zahlungsbilanz-Statistik beträgt das Einkommen aus Auslandsinvestitionen etwa 1 % des Volkseinkommens; diese Zahl schließt aber auch die Erträge der Investitionen in Kanada und Westeuropa ein, die natürlich nicht zu den Entwicklungsländern gehören. Daß diese Zahl jedenfalls der Größenordnung nach richtig sein muß, ergibt sich aus folgender Überlegung: Die Gewinne der Erwerbsgesellschaften (Dividende und nicht verteilte Erträge) betragen etwa 12 % des Volkseinkommens, vor Bezahlung der etwa die Hälfte betragenden Steuern. Daß davon nicht mehr als 1/12 aus Auslandsinvestitionen stammen kann, ist plausibel.

87) Daran ändert auch der vietnamesische Mißerfolg der Vereinigten Staaten nichts. Daß eine Großmacht sich eine Niederlage zuziehen kann, wenn sie unklug genug ist, sich auf einen Kampfplatz zu begeben, auf dem sie unendlichen physischen Schwierigkeiten begegnet und nur wenige und unzuverlässige Bundesgenossen in der heimischen Bevölkerung findet, ist leicht genug zu erklären. Die Schwierigkeiten der Kriegführung stellten die amerikanische Heeresleitung vor die Frage, entweder das Unternehmen schon zu einem frühen Zeitpunkt abzubrechen oder sich auf eine absurde Art der Kriegsführung einzulassen: Südvietnam zu einem großen Teil zerstören, um es zu schützen. Diese Art der Kriegsführung hat das amerikanische Gewissen so belastet, daß die Reaktion dagegen, zusammen mit den eigenen Verlusten, im Land selbst den Willen zur Weiterführung des Krieges aushöhlte. Eine Großmacht darf eben schon im eigensten Interesse auch zur Verteidigung eines Landes nur dann intervenieren, wenn die überwältigende Mehrheit der Bevölkerung dieses Landes die Intervention mit Entschiedenheit unterstützt und wenn weder die physischen Bedingungen noch diplomatische Rücksichten (die in Vietnam die amerikanische Kriegsführung beschränkten) zur Anwendung von Mitteln zwingen, welche die Sympathien der Bevölkerung der intervenierenden Macht entfremden müssen. Aber nichts in der Vietnam-Erfahrung deutet darauf hin, daß irgendein Teil der Dritten Welt einer westlichen Macht einen ernstlichen Schaden zufügen kann, wenn diese sich von solchen verfehlten Interventionsversuchen zurückhält.

wohl aber der Erschwerung notwendiger Reformen. Wenn man schon die vielfach überschätzte Rolle der Wirtschaftsinteressen heranziehen will, so hätte der Westen von einer Steigerung der Kaufkraft der Entwicklungsländer sehr viel mehr zu gewinnen, als er jetzt von den Investitionen einnimmt.

Die Versuche, den Lebensstandard der Entwicklungsländer zu heben, verlangen zwar Leidenschaft, die den Willen und die Opferbereitschaft zur Lösung eines großen Problems stärkt, aber auch sehr viel kühle Überlegung. Es handelt sich nicht einfach darum, von dem hohen Lebensstandard der Industrieländer etwas wegzunehmen, um es den Entwicklungsländern zu geben. Das amerikanische Bruttosozialprodukt beläuft sich z. B. gegenwärtig auf über 1 000 Mrd. Dollar, wovon ungefähr 2/3 dem privaten Verbrauch dienen. Es wäre nicht allzu schwer, von dieser Summe etwa 20 Mrd. zu erübrigen, was ungefähr eine Verfünffachung des amerikanischen Aufwands für Entwicklungshilfe (außer Militärhilfe) gestatten würde. Viel schwerer aber ist es, selbst die viel geringere gegenwärtige Bürde von der amerikanischen Zahlungsbilanz tragen zu lassen, denn der Überschuß im amerikanischen Warenverkehr mit dem Ausland, der in den letzten Jahren nie mehr als etwa 3 1/2 Mrd. betragen hat (und für 1971 wahrscheinlich sogar einem Defizit Platz machen wird), reicht ohnehin nicht aus für die Lasten aus Kapitalexport, Touristenverkehr und Militärausgaben im Ausland — dies ist die Ursache der Dollarkrise; auch drastische Kürzungen dieser Kosten würden nur eine mäßige Erhöhung der Entwicklungshilfe gestatten. Sicherlich könnten die Interessen der Entwicklungsländer gefördert werden, wenn es gelänge, die Weltmarktpreise der Rohmaterialien gegenüber denen der Industrieprodukte anzuheben, aber auch diese Versuche sind bisher in der Hauptsache gescheitert — weit mehr an technischen Schwierigkeiten als am bösen Willen irgendwelcher Interessenten. Es schafft nicht die richtige Atmosphäre für die Beseitigung oder Verringerung dieser objektiven Schwierigkeiten, wenn versucht wird — und die Neue Linke versucht das immer wieder —, den Unterschied in der Lebenshaltung zwischen reichen und armen Ländern als die Folge einer Art Verschwörung der Reichen gegen die Armen hinzustellen.

Für die Neue Linke ist das Problem der Entwicklungsländer von besonderer Bedeutung. Erstens besteht im Verhältnis dieser Länder zu den Industrieländern wirklich ein Problem von Armut gegen Reichtum in krasser Form, und es entsteht daraus immer wieder die Versuchung, marxistische Begriffe auf dieses Verhältnis anzuwenden, so wenig auch der marxistische Klassenkampfgedanke zur Lösung des Problems beizutragen vermag. Zweitens gibt es im Innern der Entwicklungsländer schwere Mißstände, deren Beseitigung in manchen Gegenden eine drastische Umgestaltung der Besitzverhältnisse erfordert — vor allem Landreform —, und es gibt auch revolutionäre Bewegungen, die eine solche Umgestaltung auf ihre Fahnen geschrieben haben. Nun ist eine Landreform nicht immer eine wirkliche Hilfe für die bedrückten Schichten. Die Zerschlagung gut geleiteter Pflanzungen kann der Entwicklung des Landes sehr schaden, im Gegensatz zur Konfiskation von Land im Eigentum parasitärer Bodenrentenbezieher — und bis jetzt haben Revolutionen in Entwicklungsländern, auch wenn sie als Bewegungen im Dienst breiter Massen begannen, oft damit geendet, daß nur die Macht von einer kleinen Gruppe auf eine andere übertragen und mit neuen Schlagworten neue Unterdrückung geschaffen wurde. Die kritiklose Begeisterung weiter Kreise der Neuen Linken für Revolutionen der Dritten Welt hat deshalb wenig für sich. Drittens taucht immer wieder der Gedanke auf, daß die kümmerlichen Reste sozialrevolutionärer Tendenzen in den fortgeschrittenen Ländern irgendwie durch Anlehnung an die revolutionären Tendenzen in der Dritten Welt eine Erfolgschance bekommen könnten. Die Idee ist phantastisch; die Hoffnungen und Ansprüche der Massen, die Möglichkeiten politischer Aktion und die Vorstellungen davon, die kulturellen Voraussetzungen politischen Handelns in den Entwicklungsländern sind von denen in den Industriestaaten viel zu verschieden, um eine einheitliche oder auch nur koordinierte Aktion zu gestatten. Da eine Ahnung davon auch der Neuen Linken nicht ganz fehlt, sind die von ihr entwickelten Ideen über ein revolutionäres Zusammenwirken zwischen Massen in den reichen und den armen Ländern äußerst vage.[88]

Die antiautoritäre Komponente der linksradikalen Haltung wächst heraus aus dem ewigen Wunsch der Menschen, von Zwang frei zu sein; aber die Antiautoritären kommen nicht zu Rande mit dem Problem, welcher Zwang trotzdem bestehen muß und welche gesellschaftlichen Techniken notwendig und geeignet sind, ihn zu beschränken oder erträglich zu machen. Daß absoluter Anarchismus unrealisierbar ist, erkennen fast alle — sicherlich alle Sozialdemokraten auch des äußersten linken Flügels. Aber in Paris und Berlin, in Heidelberg und Rom, wie auch in Berkeley, Harvard und New York, hat sich immer wieder gezeigt, daß im konkreten Fall eine leidenschaftliche Opposition gegen den physischen Zwang ausbricht, durch den allein der Staat die Durchführung seiner Gesetze sichern kann, wenn er sich einem harten Willen zum Widerstand gegen die Gesetze gegenübersieht. Zwar hat die Linke der Sozialdemokratie zu der Bitterkeit dieser Opposition weniger beigetragen als andere Gruppen, aber in erheblichem Maß teilt sie doch die antiautoritäre Illusion, daß eine Beseitigung sozialer Mißstände die Anwendung von Zwangsmitteln bei der Durchführung der Gesetze überflüssig mache. Eine unnötig scharfe, manchmal brutale

---

88) Das Schlagwort vom "Imperialismus", mit dem die Neue Linke — meist einseitig angewandt auf den Westen — viel zu viel zu erklären sucht, verschleiert ein sehr ernstes und sehr reales Problem. Der Versuch der meisten Entwicklungsländer, eine Dritte Welt, unabhängig von den zwei (oder vielleicht drei) Großmachtblöcken, zu bilden, hat in nur wenigen Fällen zu wirklicher Unabhängigkeit geführt. Die meisten Entwicklungsländer — auch jene, die sich als blockfrei betrachten — stehen tatsächlich unter dem Schutz einer der Weltmächte. Sogar ein so großes Land wie Indien ist heute — soweit seine außenpolitischen Beziehungen in Betracht kommen — beinah ein Protektorat der Sowjetunion. Dies schließt große Gefahren für die Entwicklungsländer ein: Vietnam könnte sich in vergrößertem Maßstab wiederholen. Eine Abhilfe scheint nur möglich durch eine Stabilisierung des Verhältnisses der Weltmächte zueinander: Solange eine von ihnen fürchten muß, daß ein Gegenspieler in einen machtfreien Raum eindringt, wird sie immer versucht sein, diesen Raum vorher auszufüllen, indem sie das Land zu ihrem Satelliten macht; dies bringt die Gefahr eines Zusammenstoßes mit sich, welcher, auch wenn er lokalisiert bleibt, auf Kosten des Entwicklungslandes geführt wird.

94

Anwendung von Gewalt seitens der Polizei hat der Opposition vielfach Propagandamaterial geliefert, und die Entrüstung über solche Exzesse hat oft den Gedanken übertönt, daß Gewalt gegen Rechtsbrecher — disziplinierte Gewalt — eine Voraussetzung menschenwürdigen Daseins ist. Die Antiautoritären haben auch immer wieder an der Tatsache vorbeigesehen, daß das Gesetz, hinter dem letzten Endes physischer Zwang stehen muß, ein unentbehrliches Mittel der Sozialreform darstellt. Wenn Studenten ungestraft Fenster einschlagen oder unbeliebte Professoren mit Gewalt an der Ausübung ihrer Lehrtätigkeit hindern dürfen, warum darf dann der Unternehmer die Arbeiterschutzgesetze nicht verletzen, der Fabrikant Nahrungsmittel nicht verfälschen, der Hausbesitzer nicht seine Mieter in gesundheitszerstörenden Löchern zusammendrängen? Wer die Autorität des Gesetzes zerstört — und das heißt die Autorität der Menschen, die das Gesetz anwenden müssen —, der zerbricht das wichtigste Instrument des gesellschaftlichen Fortschritts.[89]

Die Opposition der Neuen Linken gegen die Konsumgesellschaft wächst mit Notwendigkeit aus der Tatsache heraus, daß die Erweiterung des Massenkonsums das Ausbeutungsargument unwirksam gemacht und die Arbeiter dem Gedanken entfremdet hat, das bestehende Wirtschaftssystem umzustürzen. Da dieses Wirtschaftssystem den Menschen wirklich weit mehr Konsumbefriedigung gewährt, als sie in der Vergangenheit gehabt haben, und auch mehr, als die nichtkapitalistischen Systeme der Gegenwart ihnen bieten können, so kann man das System nicht verwerfen, ohne den Wert seiner Frucht in Frage zu stellen. Selbstverständlich setzte sich damit die Neue Linke in den stärksten Gegensatz zu den Sozialisten des 19. und beginnenden 20. Jahrhunderts, die eine ungeheure Erweiterung der Konsummöglichkeiten erhofften.

Nun ist es natürlich richtig, daß vieles an den heutigen Konsumgewohnheiten keineswegs zu einem idealen Leben beiträgt, wenn dieses so definiert wird, wie die Philosophen — und keineswegs nur die Asketen unter ihnen — es immer aufgefaßt haben. Wir haben uns an manche äußere Bequemlichkeit gewöhnt, die wir nicht besonders entbehren würden, wenn wir sie nie gekannt hätten. Manche dieser Neuerungen sind sogar schädlich, wie die zu einem Artikel des Massenkonsums gewordenen Zigaretten; auch das Automobil befriedigt zwar als Mittel einer freien Mobilität einen tiefverwurzelten menschlichen Wunsch, aber wenn zum täglichen Verkehr von der Wohnung zur Arbeitsstätte in der Großstadt mißbraucht, verpestet es die Luft mit seinen Abgasen, verstopft die Straßen bis zur Undurchdringlichkeit und wird damit zu einem Übel. Aber was am heutigen Konsum überflüssig, schädlich oder widerlich ist, sind Randerscheinungen. Sie werden unwichtig vor dem Gedanken, daß wir heute die Möglichkeit haben, allen Gliedern der menschlichen Gesellschaft — wenigstens

---

89) Die revoltierenden amerikanischen Studenten haben sich oft auf Henry Thoreau berufen, der sich lieber einsperren ließ, als Steuern zu bezahlen, die unter anderem für den Krieg gegen Mexiko (1846 - 1848) verwendet worden wären. Aber Thoreau war kein Anhänger staatlicher Sozialreform, sondern ein extremer Individualist, der sich zu dem Satz bekannte: "Die Regierung ist die beste, die am wenigsten regiert." Wenn man auf Zwang zu sozialer Gerechtigkeit verzichtet, ist es viel leichter, gegen Zwang überhaupt zu sein.

in den Industriestaaten – die materiellen Voraussetzungen für ein Maß an Lebensfreude zu schaffen, das noch vor zwei oder drei Generationen undenkbar schien. Wir haben trotz aller Verfälschungen, die auch jetzt noch vorkommen, viel bessere Nahrung, viel reichlichere Kleidung, und die Massen der Bevölkerung haben auch viel besseren Wohnraum als unsere Väter und Vorväter. Die vielen Erleichterungen der Haushaltsführung haben die Frau von einer Last befreit, die zwar im Mittelstand durch die Dienste der Hausangestellten erträglich gemacht wurde, die aber auf der Arbeiterin als eine ewige Knechtschaft lastete. Drogen, chirurgische Apparate und medizinische Forschung, die nur im Zusammenhang mit einer auch anderen Konsumzwecken dienenden Industrie möglich wurden, schützen unsere Gesundheit oder stellen sie wieder her, während frühere Generationen solchen Geißeln der Menschheit wie Blattern, Cholera und Pest zum Opfer fielen. An diesen Dingen vorbeizusehen, ist ein Snobismus, der kein Recht hat, sich sozialistisch zu geben.

Die antiautoritäre, die marxistische und die gegen die Konsumgesellschaft gerichtete Komponente finden sich in der Ideologie der einzelnen Teile der Neuen Linken in verschiedener Stärke; die Stärke der einzelnen Komponenten im Verhältnis zu der anderen unterliegt auch zeitlichen Schwankungen. Einer weitverbreiteten Meinung zufolge hat neuerdings die marxistische Komponente die antiautoritäre überschattet. Dafür gibt es in der Tat äußere Anzeichen, besonders in der Bundesrepublik, da die DKP offensichtliche und keineswegs erfolglose Anstrengungen macht, die Bewegung unter ihre Kontrolle zu bringen. Aber die Annahme kommunistischer Formeln und sogar einer Kampfdisziplin unter kommunistischer Führung – die nur von Teilen der Neuen Linken und ganz und gar nicht von ihren in der Sozialdemokratie verbliebenen Teilen akzeptiert wird – beweist nicht viel für die Triebkräfte der Bewegung. Am Kampf gegen den Gegenwartsstaat, auch wenn er im Namen einer autoritären Ideologie geführt wird, können sich Kräfte beteiligen, die sich im Grund gegen den Staat an sich und gegen alle Autorität richten. Die antiautoritäre Tendenz ist wahrscheinlich in der Neuen Linken auch heute noch stärker, als es nach außen hin scheint.

Die Neue Linke im allgemeinen und die sozialdemokratische Linke im besonderen haben es nicht fertiggebracht, von der Gesellschaft, die sie haben wollen, ein Bild auch nur in Umrissen zu zeichnen: Sie besitzen keine Utopie im klassischen Sinn. Der Marxismus konnte eine solche Utopie entbehren oder glaubte, sie entbehren zu können.

Nach der Überzeugung seiner Anhänger hatte er die geschichtlichen Gesetzmäßigkeiten entdeckt, die eine Entwicklung auf den Sozialismus hin bedingten; die Geschichte, so dachten die Marxisten, werde alle Konstruktionsprobleme der sozialistischen Gesellschaft zu lösen wissen, ohne daß jemand im voraus einen Plan ausarbeiten müsse. Die Neue Linke glaubt im großen und ganzen nicht mehr an diesen marxistischen Determinismus – sie hat jedenfalls keinen ernsten Versuch gemacht, ihn in ein Weltbild des zwanzigsten Jahrhunderts einzufügen. So müßte sie sagen können, wie ungefähr die künftige Gesell-

schaft aussehen soll. Aber sie kommt über das Negative, die Kritik an der Gegenwartsgesellschaft, nur wenig hinaus. Man kann aus manchen Äußerungen schließen, daß einzelnen Teilen der Neuen Linken das jugoslawische System als Modell vorschwebt — ohne daß eine Übertragbarkeit auf eine industrielle Großwirtschaft ernstlich geprüft wird; andere Teile wollen anscheinend so etwas wie Castroismus oder Maoismus verwirklichen — ohne daß eine klare Vorstellung über die Verhältnisse in Kuba oder China vorhanden wäre. Man gewinnt den Eindruck, daß nur ein System, wie es nirgends existiert, die Neue Linke befriedigen würde, ohne daß sie sich verpflichtet fühlt, zu prüfen, ob eine ihren vagen Vorstellungen entsprechende Gesellschaftsform überhaupt existieren kann. Die sozialdemokratische Linke hat im einzelnen Vorschläge gemacht, von denen manche erwägenswert sind, z. B. die Einführung des Einklassensystems in öffentlichen Krankenhäusern und die Reform des Bodenrechts. Andere Forderungen wieder sind auf grundsätzlich falschen Ideen aufgebaut, z. B. der Nulltarif städtischer Verkehrsmittel. Hinter ihm stehen offenbar nicht nur Zweckmäßigkeitserwägungen, über die sich immerhin reden ließe, wie die Verminderung des privaten Automobilverkehrs, sondern auch die Idee, daß das Angebot einer Gratisleistung die öffentlichen Dienste außerhalb der Geldwirtschaft stelle und damit einer sozialistischen Forderung genüge. Aber es ist kein sozialistisches Prinzip, daß jemand Leistungen der Gesamtheit in Anspruch nehmen darf, ohne ihr dafür eine Gegenleistung zu bieten; auch der Marxismus hat dies nur für jene undefinierbare Zukunft vorgesehen, von der er echten Überfluß in allen Gütern und Diensten erwartete.[90]
Die Existenz einer Linken in der sozialdemokratischen Partei hat dazu beigetragen, den Apparat zu lockern; sie hat auch der Sehnsucht nach einem Programm Ausdruck gegeben, das über Einzelforderungen hinausweist. Aber auf diesen positiven Seiten liegt eine doppelte Hypothek, einmal die Gefahr, daß die oft provokatorisch unternommenen Versuche zur Lockerung des Apparates eine Reaktion hervorrufen, die den Apparat noch starrer macht — die umgekehrte Gefahr ist wohl nicht erheblich: daß nämlich die Versuche durchdringen und bei der Unfähigkeit ihrer Urheber, sich selbst Grenzen zu setzen, durch allzu weitgehende Lockerung die Partei ihrer Manövrierfähigkeit berauben. Die zweite Hypothek hat ihre Ursache in dem unausgeglichenen Gegen-

---

90) Als Hilfe für die Armen oder Minderbemittelten ist der Null-Tarif ein offensichtlich unzweckmäßiges Mittel — eine schlechte Alternative zur Einkommenssteigerung durch angemessene Versicherungsleistung oder Wohlfahrtsunterstützung. Größeres Geldeinkommen gibt den Bedürftigen die Möglichkeit, zwischen den Bedürfnissen nach ihrer Dringlichkeit zu wählen, ein Gratisangebot einer bestimmten Leistung, finanziert durch öffentliche Zuschüsse, schreibt dem Empfänger gleichsam die Nutzung dessen vor, was ihm die Allgemeinheit zur Verfügung stellt. Ein Arbeitsloser oder Rentner, der keine anständige Wohnung und Kleidung bezahlen kann, fühlt sich gewiß dafür nicht entschädigt, wenn er umsonst mit der Straßenbahn fahren darf.
Nur wo es im öffentlichen Interesse liegt, die Inanspruchnahme bestimmter Dienste zu steigern, wie beim Bildungswesen und bei der ärztlichen Versorgung, ist ein Gratisangebot zu rechtfertigen. Zwar besteht ein großes öffentliches Interesse daran, den Verkehr von Privatwagen auf die öffentlichen Verkehrsmittel abzuziehen — ohne daß dafür ein Null-Tarif notwendig wäre; kein Interesse aber besteht daran, die Menschen zu unnötigem Herumfahren zu ermutigen, also die Verkehrsfrequenz schlechthin zu vergrößern.

satz zwischen antiautoritären und kollektivistischen Tendenzen. Aller Wahrscheinlichkeit nach wäre es unmöglich, die Linke für ein realistisches planwirtschaftliches Programm zu gewinnen. Bei aller demokratischen Kontrolle und bei Wahrung der Eigenbewegung der Wirtschaftseinheit bedeutet jede Wirtschaftsplanung ein Mehr an zentralen Entscheidungen. Sobald das klar würde, dürfte sich an dieser Reizung der antiautoritäre Widerstand entzünden. Die Dokumente der Linken sprechen denn auch von Planung so gut wie ausschließlich im Sinn von physischer Regionalplanung, nicht aber nationaler Planwirtschaft.

An der Leistung eines Beitrags zu einem Programm, das auf die Wirklichkeit erheblichen Einfluß nehmen könnte, ist die Linke auch durch die falsche Unterscheidung zwischen "systemkonformen" und "systemsprengenden" oder "systemüberwindenden" Reformen gehindert. Das "System" ist kein eindeutig definierbares Phänomen. Das private Eigentumsrecht insbesondere unterliegt fortgesetzt Veränderungen seines Inhalts. Das ist aber nur ein Element des Wechsels im "System" unter vielen. Jede Reform, die sich auch nur über kurze Zeit haltbar erweist, ist gleichzeitig "systemkonform" – auch "systemstabilisierend" – und systemändernd: Würde eine Reform sich zu allen Bedingungen des Systems in scharfen Gegensatz setzen, so würde sie sozusagen ausgespieen. Würde sie für die unter dem System lebenden Menschen keine Verbesserung bedeuten, so würde sie entweder nicht eingeführt oder kurzfristig abgeschafft, und wenn sie eine Verbesserung bedeutet, dann macht sie das System annehmbarer und trägt damit zu seiner Erhaltung bei. Aber gleichzeitig verändern sich alle Systeme durch die Reformen, die man in sie einführt. Auch spricht nichts dafür, daß da an irgendeinem Punkt ein Sprung in eine andere Zukunft gemacht werden kann oder muß.

Da die Opposition so wenig fruchtbar ist, wird wohl der Parteiapparat aus sich heraus das leisten müssen, was an Erneuerungen und Ausbau der ideologischen Position der Sozialdemokratie möglich ist. Manche Persönlichkeiten in der Führung der deutschen Sozialdemokratie haben erkannt, daß die Abräumung marxistischer Überbleibsel, so notwendig sie war, eine Leere hinterlassen hat und daß man darüber nachdenken muß, wie sie ausgefüllt werden könnte. Wer soviel unabhängiges Denken besitzt, wie Willy Brandt bei der Einleitung der neuen Ostpolitik gezeigt hat, mag schließlich auch für die weitere Programmentwicklung neue Ideen beitragen. Die Linkswendung in der französischen Sozialdemokratie hat zwar zum Teil — anscheinend kurzfristig — zeitbedingte und sogar personalpolitische Ursachen, und bis jetzt hat sie nicht zu einer nennenswerten Bereicherung des Ideengehaltes geführt, aber die Entwicklung zeigt wenigstens, daß eine Aufgeschlossenheit gegenüber grundsätzlichen Problemen in weiten Kreisen des Parteiapparates besteht. Wenn die literarischen Äußerungen, die aus der belgischen Sozialdemokratie kommen, für ihren Zustand charakteristisch sind, so besteht auch dort allerhand geistige Bewegung. In Schweden scheint sich innerhalb und außerhalb der Partei ein merkwürdiges Mißbehagen an dem Leben in einer Gesellschaft hoher Wohlfahrtsleistungen und außerordentlich gut ausgebauter genossenschaftlicher

Einrichtungen verbreitet zu haben; ob dies schließlich zu neuen sozialdemokratischen Zielsetzungen — als solche kann man wohl den Versuch deuten, die Einkommensunterschiede auch unter Lohnempfängern zu verringern — oder zu einer Stärkung antisozialistischer, konservativer Kräfte führen wird, muß sich noch zeigen. Alles in allem fehlt es in den sozialdemokratischen Parteien nicht an Impulsen, die Suche nach neuen Zielsetzungen voranzutreiben; die objektiven Schwierigkeiten machen es aber unmöglich, heute schon zu sagen, wieviel sich daraus ergeben wird.

6. DIE ZUKUNFT DER SOZIALDEMOKRATIE

Will man eine ganz weit gespannte Formel dafür haben, was von der alten Sozialphilosophie heute noch im sozialdemokratischen Programm und in der sozialdemokratischen Praxis fortlebt, so müßte die Antwort lauten: Die Synthese des Glaubens an die Notwendigkeit positiver Gemeinschaftsaktion mit der Idee der individuellen Freiheit. Der Zweck allen Handelns war für die Sozialdemokratie immer das Wohl des Menschen; das gilt schon für die vormarxistischen Sozialisten, für Marx und für Lassalle und für ihre sozialdemokratischen Nachfolger. Unter dem Wohl des Menschen verstanden sie nicht eine Heilsidee, die dem einzelnen aufgenötigt werden sollte, sondern was er selbst als das für ihn Gute erkannte. Wenn das gelegentlich bei Marx und anderen durch den Eifer verdunkelt wurde, mit dem man sich der Idee historischer Notwendigkeit oder einer historischen Mission hingab, so hat doch die Sozialdemokratie immer rasch zu der individualistischen Konzeption der Humanität zurückgefunden.

Individualistisch war die Konzeption im Hinblick auf den Zweck, aber nicht auf die Mittel. Die Sozialdemokratie hat immer, klarer als andere Richtungen, den Menschen als ein Glied der Gesellschaft gesehen; sie hat immer erkannt und nie vergessen, daß bewußte gesellschaftliche Aktion notwendig ist, um für den einzelnen das Beste zu erreichen, das erreicht werden kann; was sie von anderen Richtungen unterschied, war der weite Rahmen, den sie der bewußten Aktion der Gesellschaft geben wollte. Die Forderung nach der Vergesellschaftung der Produktionsmittel war eine Anwendung dieses Gedankens; der Gedanke bleibt bestehen, auch wenn die spezifische Anwendung aufgegeben werden muß. Wenn die Sozialdemokratie heute den öffentlichen Sektor auf Kosten des privaten erweitern will, wenn die Forderung einer durchgreifenden Konjunkturregelung erhoben und im Zusammenhang damit die bessere Organisation wirtschaftlicher Voraussicht angestrebt wird, so sind das andere Anwendungen des gleichen Prinzips.

Dieser Nachdruck auf Gemeinschaftsaktion zum Schutz der einzelnen wird seine Bedeutung behalten, solange es eine menschliche Gesellschaft gibt. Damit hat die Sozialdemokratie eine unverlierbare Grundlage ihrer praktischen Politik. Sie würde an Stärke gewinnen, wenn durch klare bildungspolitische Ziele, durch Entwicklung der Planungsidee oder auf andere Weise der Grundidee eine mehr spezifische Gestalt gegeben und so der Platz, den das alte Endziel einnahm, wieder ausgefüllt werden könnte.

Auch für Menschen außerhalb des Kreises, der durch Tradition an die Sozialdemokratie gebunden ist, hängt von der Zukunft der sozialdemokratischen Bewegung Wichtiges ab. Wohl kann man fragen: Was würde verlorengehen, wenn die Sozialdemokratie die besondere Quelle der Vitalität, die ihr das alte Endziel gab, auf die Dauer entbehren müßte? Besteht überhaupt an der Existenz der Sozialdemokratie ein Interesse vom Standpunkt der allgemeinen geschichtlichen Entwicklung? Da wenigstens ein Teil der gegenwärtigen Problematik daraus entstanden ist, daß von den Reformforderungen der Sozialdemokratie viele erfüllt worden sind, so mag es manchen Beobachtern natürlich und unabwendbar erscheinen, daß sie allmählich als politische Kraft verschwindet. Ist es nicht sogar geschichtlich notwendig, daß eine Partei oder eine **Bewegung aufhört zu existieren, wenn so viel von ihrem Programm verwirklicht ist, daß ihr kein großes Betätigungsfeld mehr bleibt?** So gestellt, muß die Frage natürlich bejaht werden. Aber der Fall trifft auf die Sozialdemokratie im ganzen nicht zu. Sogar ihre wirtschaftspolitischen Aufgaben sind durchaus nicht erfüllt – die größte von ihnen, der Ausbau der Wirtschaftsplanung, in manchen Ländern noch kaum ernstlich in Angriff genommen. Vor allem aber ist die Sozialdemokratie als ein Vorkämpfer für Menschlichkeit einem vollen Sieg noch nicht einmal nahe gekommen, trotz der Niederlage des Faschismus. Ohne ein weitreichendes Wirtschaftsprogramm kann die Sozialdemokratie auf die Dauer kaum so stark sein, wie sie sein sollte, aber ihre wichtigste Gegenwartsaufgabe besteht in der Humanisierung der Gesellschaft, die – was immer manche Neomarxisten sagen mögen – nur zum kleineren Teil eine wirtschaftspolitische Aufgabe ist. Die Sozialdemokratie hat kein Monopol humanitärer Politik, aber als eine Kraft, die für Humanität wirkt, ist sie unersetzlich. Deshalb muß man ihre Stärke wünschen.

LEBENSDATEN DES VERFASSERS

15. 10. 1891	geboren in München
1909	Abitur
1909-1914	Studium der Volkswirtschaftslehre an den Universitäten München und Berlin bei Werner Sombart, Lujo Brentano, Franz Oppenheimer, Theodor Vogelstein
1911-1914	Tätigkeit in der Freien Studentenschaft
1912	Mitglied der SPD
1915	Promotion bei Alfred Weber in Heidelberg
1915-1916	Assistent am Institut für Seeverkehr und Weltwirtschaft in Kiel
1916	verheiratet mit Hilde Stein
1916-1919	Tätigkeit in Kriegswirtschaftsstellen in Berlin und München, unterbrochen durch kurzen Militärdienst
1918-1922	Assistent an der Handelshochschule München
April 1919	Opposition gegen die Münchner Räterepublik
April-Juni 1919	Hilfsarbeiter beim Staatskommissar für Südbayern, Hauptaufgabe: Bekämpfung willkürlicher Verhaftungen und Ausschreitungen gegen politische Gefangene
1919-1926	Mitglied des SPD-Ortsvorstands München, umfassende Referententätigkeit für die SPD, besonders in bayerischen Landbezirken
1922-1933	Lehrbeauftragter, seit 1929 Privatdozent, seit 1932 nichtbeamteter außerordentlicher Professor an der Handelshochschule Berlin
1926-1933	Redakteur der Zeitschrift "Der deutsche Volkswirt" unter Gustav Stolper
1933	entlassen aus beiden Stellungen wegen jüdischer Abkunft und Betätigung für die SPD; Übersiedlung nach Berkeley, Kalifornien
1934-1936	Lecturer an der University of California at Berkeley
1936-1959	Professor of economics, anschließend emeritiert
1934-1948	in verschiedenen Organisationen der Flüchtlingshilfe tätig
1934-1946	in brieflicher und zum Teil persönlicher Verbindung mit führenden Persönlichkeiten der SPD, besonders mit Gerhart Seger, Friedrich Stampfer, Albert Grzesinski, Hans Vogel, Max Brauer u. a.
1940	amerikanische Staatsbürgerschaft
1939-1949	Mitarbeit an der "Neuen Volkszeitung", New York
Okt. 1949-Febr. 1950	Gastprofessor an der FU Berlin
1959-1960	Gastprofessor (Fulbright scholar) an der Universität Frankfurt und Hamburg
1962	Ehrendoktor der University of California
1962-1963	Gastprofessor an der Universität Hamburg
1966-1967	Gastprofessor an der Universität Hamburg
1966	Ehrendoktor der Universität Hamburg
1970	Gastprofessor an der Universität Hamburg

WAS ICH WISSENSCHAFTLICH GEWOLLT HABE

Autobiographischer Nachtrag des Verfassers

Wenn man fast ein halbes Jahrhundert auf einem Gebiet wie der Wirtschaftswissenschaft tätig ist, so muß man sich um viele Fragen kümmern, die unter
sich nicht immer in einem engen Zusammenhang stehen. Besonders in den
sieben Jahren, in denen ich am Deutschen Volkswirt tätig war, mußte ich eine
Menge Fragen studieren — von der Sozialversicherung bis zur Osthilfe —, die
zwar an sich sehr interessant und politisch von höchster Bedeutung waren,
deren Studium mir auch eine höchst wertvolle Erfahrung im Umgang mit
wirtschaftlichen Tatsachen gab, die ich aber doch ohne diesen Zwang zur lau-
fenden Beobachtung der Wirtschaftspolitik wahrscheinlich den Spezialisten
überlassen hätte. Trotz dieser teilweise notgedrungenen Vielfalt meiner
schriftstellerischen Objekte kann ich rückschauend zwei miteinander verbun-
dene Fragenkomplexe unterscheiden, denen mein Interesse hauptsächlich
gegolten hat.

Da ist erstens die Frage, welche Elemente im Wechsel der Sozialsysteme be-
ständig sein müssen zum Unterschied von denen, die Gegenstand bewußter
Änderung werden können. Das hat mich in den Anfängen meiner wissenschaftlichen Tätigkeit zur Beschäftigung mit Zurechnungstheorie und funktio-
naler Verteilung geführt — mit dem Problem, warum die Benutzung von Boden, Kapital und Arbeit Kosten darstellen, die unabhängig von der Eigentumsverfassung gegen den Produktionsertrag aufgerechnet werden müssen, und wie
sich dabei die Wertgrößen dieser Kostengüter bestimmen, wenn die Wirtschaft
rational sein soll. Später ist dieses Interesse auch in meinen Büchern "Planwirtschaft und Verkehrswirtschaft", "Theory of National Economic Planning"
und im Schlußteil von "European Socialism" zum Ausdruck gekommen, außerdem in meinen Studien über das jugoslawische und das französische Wirtschaftssystem. Weiterhin ergab sich ein Ausgreifen nach zwei Richtungen. Einmal führten mich die Überlegungen darüber, was an Bestimmungsgründen der
Wirtschaftsrechnung und damit an Regeln des Handelns im Wechsel der Wirtschaftssysteme erhalten bleiben muß, über das Gebiet der Wirtschaft hinaus
zu dem Problem des Beständigen in der Ethik des Gesellschaftslebens. Ich
habe aber diesen Fragenkomplex nie genügend studieren können, sondern
mich darauf beschränken müssen, mich mit der marxistischen These, daß alle
Ethik Klassenethik sei, auseinanderzusetzen, was in dem Buch "European
Socialism" am ausführlichsten geschehen ist. Die zweite Richtung meines Aus-
greifens von den Erwägungen über das Verhältnis von Wirtschaftsrationalität
und Wirtschaftssystem als Ausgangspunkt waren Gedanken über die Rolle der
Rationalität im Gesellschaftsleben überhaupt. Dies spielte eine Rolle in meiner Kritik der "Gegenkultur" der Neuen Linken und — was sich im Augenblick des Niederschreibens dieser Ausführungen noch nicht in Veröffentlichungen niedergeschlagen hat — in der Analyse der wirtschaftlichen Probleme

des Umweltschutzes. Auch war dieses Interesse an der Bedeutung der Rationalität in allem menschlichen Handeln einer der Gründe, aus denen ich mich mit der Integration der Sozialwissenschaften literarisch und im akademischen Unterricht befaßte.

Mein zweites Hauptinteresse war und ist die Geschichte sozialer Reformbewegungen. Diesem Interesse entsprang das Buch "European Socialism" und eine Reihe von Artikeln, z. B. die über Phasen der Geschichte des französischen Sozialismus. Natürlich kann man diesen Aspekt der Geschichte nur gegen den Hintergrund der allgemeinen geschichtlichen Entwicklung studieren. Es war daher ein für mich günstiger Zufall, daß die Erfordernisse des Lehrplans meines Departments mich zwangen, Vorlesungen über Wirtschaftsgeschichte der Vereinigten Staaten und Europas zu übernehmen und in der Vorbereitung dieser Vorlesungen mich erheblich auch mit allgemeiner Geschichte zu befassen. Diese Geschichtsstudien flossen zum Teil zusammen mit der Verfolgung von Interessen, die durch die Weltlage und durch Ereignisse in meinem persönlichen Leben bedingt waren.

Als ein Emigrant, der unter dem Druck der Nazis Deutschland verlassen hatte, fand ich es notwendig, mich mit der Natur des Faschismus, mit den Zuständen in Deutschland und — während des Krieges wie in der Nachkriegszeit — mit dem Verhältnis Deutschlands zu den Siegermächten zu befassen. Diesen Studien entsprang eine Reihe von Artikeln. Außerdem nahm ich in öffentlichen Erklärungen, Vorträgen, Briefen und in Unterrichtskursen für die zum Dienst in Deutschland bestimmten amerikanischen Soldaten gegen die Idee Stellung, daß das ganze deutsche Volk nazistisch sei und für unbestimmte Zeit bleiben werde. Ich wandte mich auch gegen den Morgenthau-Plan und die Demontagen. In der Teilung Deutschlands sah ich ein Unglück, war mir aber schon im letzten Teil des Krieges darüber klargeworden, daß es für die Vereinigten Staaten keine Möglichkeit gäbe, diese schlimme Folge der Hitler-Politik zu verhindern. Diese und einige andere Unvermeidlichkeiten habe ich später in meinem Buch: "Germany: Illusions and Dilemmas" darzulegen versucht.

Ich war aber nicht nur ein Emigrant, sondern auch ein Einwanderer. Ich wollte mich mit den Vereinigten Staaten nicht nur im juristischen Sinn, durch meine Naturalisation, identifizieren, sondern die amerikanische Vergangenheit und Gegenwart und die Bestimmungsgründe der amerikanischen Politik verstehen. Das war mir ein inneres Bedürfnis, aber aus meiner Lehrtätigkeit in Deutschland ergab sich auch eine in die gleiche Richtung drängende praktische Notwendigkeit. Ich war mir darüber klar, daß der größte Nutzen meiner Vorlesungen in Frankfurt und Hamburg und meiner öffentlichen Vorträge in Deutschland darin bestehen würde, der deutschen Zuhörerschaft ein Verständnis für amerikanische Geschichte und Gesellschaft zu erschließen, besonders nachdem an die Stelle der oft unkritischen Bewunderung alles Amerikanischen in der ersten Nachkriegszeit ein noch unkritischerer Antiamerikanismus getreten war.

Die Ausdehnung meines Interessengebietes auf geschichtliche und allgemein gesellschaftswissenschaftliche Studien hat mir eine Befriedigung verschafft, die mich einigermaßen darüber getröstet hat, daß ich in der Wirtschaftswissenschaft selbst durch eine mangelhafte mathematische Grundlage daran gehindert war, den Großteil der neueren theoretischen Literatur zur Kenntnis zu nehmen. Auch in den Diskussionen über Wirtschaftsplanung mußte ich mich auf die grundsätzlichen Probleme beschränken, da die Planungstechnik mehr Algebra erfordert, als mir zur Verfügung stand. Ich kann zwar die großen Fortschritte würdigen, welche die Wirtschaftswissenschaft der mathematischen Orientierung verdankt, aber ich halte es für falsch, wenn darüber die politischen und allgemein gesellschaftlichen Voraussetzungen wirtschaftlichen Handelns vernachlässigt werden. Dies ist einer der Gründe, weshalb ich einen weit engeren Kontakt zwischen Wirtschaftswissenschaft, Soziologie und Politologie — auch Geschichte und kultureller Anthropologie — für notwendig halte, als er heute besteht.

BIBLIOGRAPHIE DER VERÖFFENTLICHUNGEN CARL LANDAUERS
(Auswahl)

BÜCHER UND MONOGRAPHIEN

Die Theorien der Merkantilisten und Physiokraten über die ökonomische Bedeutung des Luxus (Dissertation), München 1915

Literatur zur Frage der deutsch-österreichisch-ungarischen Wirtschaftsannäherung, Kriegswirtschaftliche Untersuchungen aus dem Institut für Seeverkehr und Weltwirtschaft in Kiel, H. 11, Jena 1916

Grundprobleme der funktionellen Verteilung des wirtschaftlichen Wertes, Jena 1923

Das Wesen der Wirtschaft, Berlin 1928

Planwirtschaft und Verkehrswirtschaft, München 1931

Theory of National Economic Planning, Berkeley 1944, 2. Aufl. 1947

European Socialism: A History of Ideas and Movement (zus. mit Elizabeth Kridl Valkenier und Hilde Stein Landauer), Berkeley 1960

Contemporary Economic Systems. A Comparative Analysis, Philadelphia und New York 1964

Germany: Illusions and Dilemmas, New York 1969

AUFSÄTZE IN SAMMELBÄNDEN

Die Wege zur Eroberung des demokratischen Staats durch die Wirtschaftsleiter, in: Die Hauptprobleme der Soziologie, München 1923

Die Ideologie des Wirtschaftsparlamentarismus, in: Die Wirtschaftswissenschaft nach dem Kriege, München 1925

Theorie der Verteilung, in: Die Wirtschaftstheorie der Gegenwart, Wien 1928

Artikel Goldwährung, in: Handwörterbuch des Bankwesens, Berlin 1933

L'economic programmatica in Germania, in: Scuola di science corporatibe, Università di Pisa (Hrsg.): L'economic programmatica, Florenz 1933

Prosperity, Democracy and Planning, in: International Postwar Problems, Vol. 2, No. 4, October 1945, wieder abgedruckt in: Abba P. Lerner and Frank D. Graham (Hrsg.): Planning and Paying for Full Employment, Princeton 1946

Wirtschaftstheorie und Wirtschaftspolitik, in: Alfred Kruse (Hrsg.): Festgabe für Adolf Weber, Berlin 1952

Eugen von Böhm-Bawerk, in: Encyclopaedia Britannica, Vol. III, 1960

Friedrich von Wieser, in: Encyclopaedia Britannica, Vol. XXIII, 1960

Karl Heinrich Marx, in: Encyclopaedia Britannica, Vol. XIV, 1961

Marxism, in: Encyclopaedia Britannica, Vol. XIV, 1961

Social Democracy, in: Milorad M. Drachkovitch (Hrsg.): The Revolutionary Internationals 1864 - 1943, Stanford 1966

Die wirtschaftliche Komponente der amerikanischen Außenpolitik, in: Carl Böhret und Dieter Grosser (Hrsg.): Interdependenzen von Politik und Wirtschaft (Festgabe für Gert von Eynern), Berlin 1967

ZEITSCHRIFTEN-AUFSÄTZE

Grenzen und Gefahren der Goldmarkrechnung, in: Archiv für Sozialwissenschaft und Sozialpolitik, Bd. 41, H. 1

Staat und Zins, in: Archiv für Sozialwissenschaft und Sozialpolitik, Bd. 61, H. 3

Wert, Preis und Zurechnung, in: Schmollers Jahrbuch, Bd. 49

Das Verhältnis von Rentabilität und Produktivität und seine Bedeutung für das Sozialisierungsproblem, in: Jahrbücher für Nationalökonomie, Bd. 117, H. 6

Sozialismus und parlamentarisches System, in: Archiv für Sozialwissenschaft und Sozialpolitik, Bd. 48, H. 3

Der Meinungsstreit zwischen Böhm-Bawerk und Wieser über die Grundlagen der Zurechnungstheorie, in: Archiv für Sozialwissenschaft und Sozialpolitik, Bd. 46, H. 2

The Bavarian Problem in the Weimar Republic, in: Journal of Modern History, June and September 1944

From Marx to Menger: The Recent Development of Soviet Economics, in: American Economic Review, Vol. 34, June 1944

United States Economic Policy Toward Germany, in: Journal of Modern History, Vol. 19, No. 3, September 1947

The German Reparations Problem, in: The Journal of Political Economy, Vol. 56, No. 4, August 1948

How to Fight Communism, in: The Pacific Spectator, Autumn 1950

The Guesdists and Small Farmers: Early Erosion of French Marxism, in: International Review of Social History, Vol. VI, 1961

Kommunistische und prokommunistische Strömungen in der amerikanischen Außenpolitik, in: Internationales Jahrbuch für den Geschichtsunterricht, Vol. 9, 1962

Geplante Marktwirtschaft: Das Beispiel Frankreichs und Jugoslawiens, in: (Planned Market Economy: The Example of France and Yugoslavia) Kyklos, Vol. 16, No. 4, Basel 1963

Synthesis and Specialization in the Social Sciences, in: Kyklos, Vol. 19, No. 4, Basel 1966

The Origin of Socialist Reformism in France, in: International Review of Social History, Vol. XII, 1967

Das Eindringen marktwirtschaftlicher Vorstellungen in die sozialistische Ideenwelt, in: Hamburger Jahrbuch für Wirtschafts- und Gesellschaftspolitik, 12. Jahr (1967)

Gesellschaftskrise in den USA, in: WIRTSCHAFTSDIENST, Oktober 1968

Determinanten der amerikanischen Außenpolitik, in: Hamburger Jahrbuch für Wirtschafts- und Gesellschaftspolitik, 14. Jahr (1969)

Was ist die Gegenwartsgesellschaft wert? , in: WIRTSCHAFTSDIENST, September 1970

The Student Revolt, in: The Yale Review, Vol. LX, No. 2, December 1970

Sozialstruktur und Sozialreform in den USA, in: Geist und Tat, Januar - März 1971

Toward a Unified Social Science, in: Political Science Quarterly, December 1971

BUCHBESPRECHUNGEN

Helander, Sven: Nationale Verkehrsplanung, in: The Journal of Political Economy, October 1938

Fairchild, H. P.: Economics for the Million, und Ginzberg, E.: The Illusion of Economic Stability, in: American Economic Review, June 1940

Lamont, Corliss: You Might Like Socialism, in: American Economic Review, December 1940

von Gottl-Ottilienfeld, Friedrich: Wirtschaft als Wissen, Tat und Wehr, in: American Economic Review, December 1941

Katona, George: War without Inflation, in: American Economic Review, March 1943

Suranyi-Unger, Theo: Private Enterprise and Governmental Planning — An Integration, in: American Economic Review, September 1951

Baumol, William J.: Welfare Economics and the Theory of the State, in: The Annals of the American Academy of Political and Social Science, January 1953

Golob, Eugene: The Isms — A History and Evaluation, in: American Economic Review, December 1954

Gay, Peter: The Dilemma of Democratic Socialism, in: The Journal of Political Economy, Vol. 62, No. 4

Schorske, Carl E.: German Social Democracy 1895 - 1917, in: Die Neue Gesellschaft, 2. Jg. (1955), H. 6

Stolper, Toni: Ein Leben in Brennpunkten unserer Zeit (Biographie von Gustav Stolper), in: Journal of Modern History, Vol. 34, No. 1, March 1962

Kuczynski, Jürgen: Die Geschichte der Arbeiter unter dem Kapitalismus, in: Journal of Economic History, Vol. 23, No. 1, March 1963

Dornemann, Luise: Jenny Marx, Der Lebensweg einer Sozialistin, in: Journal of Modern History, Vol. 43, No. 3

ANMERKUNGEN, KOMMENTARE UND DISKUSSIONSBEITRÄGE

A Break in Keynes' Theory of Interest, in: American Economic Review, Vol. 27, June 1937

Economic Planning and the Science of Economics: Comment, in: American Economic Review, Vol. 31, December 1941

Comment on Mayer's Analysis of National Socialism, in: Social Research, September 1942

The Allies and Germany's Future, in: Journal of Modern History, Vol. 18, No. 3, September 1946

Heavy Industry and Union Labour in the Weimar Republic, in: Journal of Economic History, Vol. 14, No. 1, 1954

On the Social Rate of Discount: Comment, in: American Economic Review, Vol. LIX, No. 5, December 1969